नज़्म प्रसंग

सम्पादक

डॉ. दीपक रूहानी

redgrab books

rg
books

नज़्म-प्रसंग (नज़्म संकलन)
संपादक - डॉ. दीपक रूहानी

प्रकाशक : **रेडग्रैब बुक्स**
942, मुट्ठीगंज, इलाहाबाद-3 उत्तर प्रदेश, भारत
वेबसाइट - www.redgrabbooks.com
ईमेल - contact@redgrabbooks.com

संस्करण : प्रथम, जनवरी 2018

ISBN : 978-93-87390-14-0
आवरण : श्री कम्प्यूटर्स, इलाहाबाद
टाइप सेटिंग : श्री कम्प्यूटर्स, इलाहाबाद

संपादकीय

कुछ और चाहिए वुस्अत मेरे बयाँ के लिए

पिछले वर्ष मेरे पास 'हिन्दी-साहित्यकोश' के लिए कुछ प्रविष्टियाँ लिखने का अवसर आया। ये कोश आदरणीय शम्भूनाथ जी (कलकत्ता वि.वि.) के सम्पादन में तैयार हो रहा था। उन प्रविष्टियों में एक प्रविष्टि 'नज़्म' पर भी थी। मैंने सरसरी तौर पर नज़्मों के बारे में अपनी जानकारियों को किसी स्तरीय कोश में दर्ज करने की दृष्टि से अपर्याप्त पाया। खोजबीन के सिलसिले में 'ज़ेह्ने-जदीद' पत्रिका के सम्पादक ज़ुबैर रिज़्वी (1935-2016) साहब से बातचीत हुई। फोन पर वे बहुत देर तक बातचीत करने के लिए मशहूर थे। मैंने उनके पास फोन किया तो उनका पहला सवाल था– "उर्दू लिखना-पढ़ना जानते हैं?" मैंने कहा– "जी"। फिर अगला सवाल पूछा– "क्या आप इतनी उर्दू जानते हैं कि उर्दू-नज़्मों का डेवलपमेंट समझ सकें?" ये सवाल मेरे लिए अप्रत्याशित और कठिन था। इसके बाद उन्होंने जब मेरा उद्देश्य जाना तो उसके मुताबिक़ मुझे कई महत्त्वपूर्ण बातें बतायीं। उनके अलावा मैंने अन्य कई स्रोतों से कुछ जानकारियाँ एकत्र करके यथावश्यक लिखा। इस पूरी जद्दोजहद का फ़ायदा ये हुआ कि जब 'अंजुमन प्रकाशन' के सर्वेसर्वा वीनस केसरी जी ने इस किताब के सम्पादन का आग्रह किया तो मैं उन्हें हाँ कहने की हिम्मत कर सका।

ग़ालिब ने जब कहा होगा कि– *'बक़द्रे-शौक़ नहीं ज़र्फ़े-तंगना-ए-ग़ज़ल, कुछ और चाहिए वुस्अत मेरे बयाँ के लिए'*, तो उन्होंने इसे ग़ज़ल से विमुख होकर नज़्म की ओर झुकाव के चलते नहीं कहा होगा। उन्होंने ये शेर ग़ज़ल की परम्परागत सीमाओं को ध्यान में रखकर कहा होगा। मैं इस शेर को नज़्म से जोड़कर देख रहा हूँ। ग़ज़ल में छन्दगत सीमाओं के साथ-साथ विधागत और परम्परागत सीमाएँ भी होती हैं। नज़्म का शायर ग़ज़ल के बने-बनाये अथवा बँधे-बँधाये ढाँचे से ख़ुद को बाहर निकालता है या कभी-कभी ग़ज़लिया तत्त्वों के साथ-साथ कुछ नये प्रस्ताव और नये तथ्य भी प्रस्तुत करता है। ग़ज़ल के रंग को मिलाकर नज़्म कहने का सर्वश्रेष्ठ उदाहरण फ़ैज़ अहमद 'फ़ैज़' हैं।

यहाँ इस बात का अवसर और अवकाश नहीं है कि मैं उर्दू नज़्मों की विस्तृत परम्परा का उल्लेख करूँ या अब तक के प्रमुख नज़्मनिगारों का शज्रा पेश करूँ। नज़्म-विधा के विकास में समय-समय पर विषयों के जो बदलाव हुए हैं, उनकी फ़ेहरिस्त भी बहुत तवील है। चूँकि ये 'नज़्म-प्रसंग' एकदम समकालीन शायरों पर आधारित है, इसलिए इसे अब तक की नज़्म-यात्रा का एक पड़ाव समझना चाहिए और इन शायरों को बिना किसी पूर्वग्रह-पूर्वाग्रह के पढ़ना चाहिए। ये नज़्में कला तथा भाव के स्तर पर पाठक को समकालीन नज़्म-प्रवृत्तियों से परिचित कराती हैं और मौजूदा दौर के नज़्म-मिज़ाज से भी रूशनास कराती हैं। इन्हें निरपेक्ष भाव से पढ़ना और समझना ही इनके साथ निष्पक्ष पाठकीय न्याय होगा। यहाँ जिन शायरों का चयन किया गया है वो ख़ास तरीक़े और कुछ नियमों के तहत किया गया है, इसलिए जो शायर इसमें संकलित हैं वो एक प्रक्रिया का परिणाम हैं। इन्हें पढ़ते समय पाठक को यह नहीं मानना है कि यही इस समय के प्रतिनिधि नज़्मगो हैं अथवा यहाँ इस दौर की नज़्म-सम्बन्धी समस्त विशेषताएँ मौजूद हैं; पाठकों से अपेक्षा है कि इन शायरों को इस दौर की एक बानगी समझें और इन्हें अभिव्यक्ति का एक उदाहरण समझें।

यहाँ संकलित इकतीस शायरों में छः पाकिस्तान से हैं। यद्यपि ये संख्या तुलनात्मक रूप से कम है, लेकिन पाकिस्तानी नज़्मों की ताज़ा स्थिति समझने में पर्याप्त सहायक है। पाँच शायरा भी हैं, जिनमें तीन पाकिस्तान से हैं; ये सब अलग-अलग ढंग से समकालीन स्त्री वर्ग का प्रतिनिधित्व करती हैं। तात्त्विक रूप से दोनों देशों के शायरों में कई मूलभूत अन्तर हैं। ऐसा अन्तर होना भी चाहिए, क्योंकि इसी से उनकी अलग-अलग सामाजिकता और परिप्रेक्ष्य का यथार्थ-प्रतिबिम्बन होता है। यह एक साहित्यिक मौलिकता और ईमानदारी की निशानी है। जो भी अन्तर दिखायी देते हैं उनका उल्लेख यहाँ करना पाठकों की व्यक्तिगत राय बनने में बाधा उत्पन्न करना होगा, ऐसा समझकर मैं सभी नज़्मों को पाठकों के समक्ष बिना किसी टीका-टिप्पणी के प्रस्तुत कर दे रहा हूँ। तुलनात्मक रूप से कुछ न कहने के अलावा किसी शायर के कलाम पर भी कोई समीक्षात्मक राय नहीं दी जा रही है। इसके दो कारण हैं– पहला तो ये कि कुछ रचनाकार अभी इतने नये हैं कि उनके बारे में कोई राय अभी बनाना जल्दबाज़ी होगी; दूसरा ये कि जिनके बारे में कुछ कहा जा सकता है, उनकी इतनी कम नज़्में यहाँ दे पा रहा हूँ कि उनका सम्पूर्ण व्यक्तित्व रेखांकित नहीं किया जा सकता।

यहाँ पेश किये गये कुछ शायरों ने कई नज़्में विचारार्थ भेजी थीं, जिनमें से

मैंने अपनी रुचि से नज़्में चुन ली। कुछ शायरों ने बहुत सीमित नज़्में भेजी थी, जिस कारण मेरे पास विकल्प की कोई गुंजाइश न थी। कुछ नज़्मों में कोई शीर्षक नहीं थे तो समानता बनाये रखने के लिए मैंने अपनी तरफ़ से उन्वान दे दिया, लेकिन ऐसा कम ही हुआ है। शायरों का क्रम देवनागरी वर्णमाला के अनुसार रखा गया है। शायरों के चयन में जिन लोगों ने विशेष मदद की उनमें आदिल रज़ा मंसूरी, पराग अग्रवाल, अकरम नक़्क़ाश, स्वप्निल तिवारी, अभिषेक शुक्ला और अली ज़रयून का विशेष आभारी हूँ।

इस नज़्म-संकलन के अतिरिक्त विभिन्न विधाओं में कई रचनाकारों को शृंखलाबद्ध ढंग से एक साथ प्रकाशित करने के लिए भाई वीनस केसरी जी की जितनी तारीफ़ की जाय कम है। पाठक-जन की प्रतिक्रिया का इंतज़ार रहेगा। रचनाकारों से सीधे जुड़ने के लिए उनका सम्पर्क भी दिया गया है।

- डॉ. दीपक रूहानी

ई-मेल : deepakruhani@gmail.com

अनुक्रम

अकरम नक़्क़ाश

ई-मेल - akramnaqqash61@yahoo.com
मोबाइल - 09845390893
पता - व्हाइट हाउस, न्यू बैंक कॉलोनी
बिलालाबाद, गुलबर्गा- 585104 कर्नाटक

सराब

हसरतें
बस हाथ भर के फ़ासले पर हैं सजी
इक जस्त भी
जिनको उठाया जा सके
जुस्तजू के पाँव में
इक उम्र की बाँधे मुसाफ़त
हों रवाँ
पैहम रवाँ
हसरतें
बस जस्त भर के फ़ासले पर हैं सजी

तक़्लीब

साँस को रोके हुए हैं
दीद की हैरानियाँ
सिह्र-से, अफ़सूँ से
क्यूँ अटने लगी है कायनात
है तरफ़-अतराफ़
सारा कुछ वही
सबकुछ वही
चाँद-सूरज
अपनी-अपनी सम्त में

अपनी ही रफ़्तार से
मह्वे-सफ़र
क्यूँ फ़िज़ा मसहूर है
क्यूँ दीद है ओढ़े हुए
हैरानियाँ ....?

हमज़ाद

यक़ीं का लम्हा
मेरे क़दम से
बहुत
बहुत ही क़रीबतर है
गुमाँ की साअत भी
हमक़दम है
मेरे सफ़र में ....

सितारा-ए-जाँ

बिसाते-जाँ पर
ज़मीने-दिल पर
महक रहे हैं गुलाब
जुगनू चमक रहे हैं
हज़ार रंगों में
इक सितारा दमक रहा है
हवाएँ :
ख़ुश्बू चमक-दमक
रंगे-दिलरुबाई
परों से बाँधे
फ़लक की जानिब
उड़ान में हैं

बेजेहती

किसे मालूम
कब एहसास की शिद्दत
कहाँ
जज़्बों की तुग़यानी
जुनूँ की हमरही
सारे मज़ाहिम
ख़ारज़ारो-दश्त रौंदे
तिनका-ओ-ख़ाशाक
कर डाले
सियाह अबयज़
करे एक रंग
और
यक नाम कर डाले
किसे मालूम
कब
रख़्शे-जुनूँ
बेसम्त हो जाये।

दोस्त

रात
गहरी ख़ामुशी की चादरें
धीरे से सरकाये
क़रीं आये
करे सरगोशियाँ
धड़कन ये शीरीं लब धरे
साँसों से शाने थपथपाये
भर ले बाहों में
पिघलते जिस्मो-जाँ
अनकही हर बात
हर इक दर्द

आँखों में सजाये
साया आसा हमक़दम है
धड़कनों के साथ-साथ
रात को
गर दोस्त जानूँ
क्या बुरा है मेरे दोस्त

सहरा की बूँदें

मुंजमिद तन्हाइयों को फाँदकर
मुज़्महिल वीरानियों को लाँघकर
मानूस-सी
मत्लूब सम्तों में
बड़ी सरशारी-सी
बहने लगी है सरख़ुशी
तम्साले-बादो-मिस्ले-आब
दामने-सहरा में
जगमग कर रही हैं
पानी की बूँदें
जाने कब से हैं खड़ी
आँखें बुझाये

जादू

ख़ुनक हवाएँ
सुरमई फ़ज़ा
महकते गुल-गुलाब
दूध में नहायी
बेकराँ-ओ-बेशिकन-सी
चाँदनी की मख़मली रिदा
हदे-निगाह तक
सितारों की लवों में
खिलखिलाता चाँद

जगमगाता आस्मान
बहाये ले चला है अपनी सक्त
खिंच रहे हैं जिस्मो-जाँ
हवा-ए-जाँफ़िज़ा
फ़ज़ा-ए-सहर ज़ा
हुई है ख़ेमाज़न
बिसाते-रूह पर
ये कौन-सा जहान है
ये ख़्वाब है
कि
तू मेरे तरफ़ खुला हुआ
फ़ज़ा-ए-सहर ज़ा में है
बिसाते-रूह ख़ेमाज़न
निकला चाहूँ भी तो
अब
नहीं है कोई रास्ता

रहगुज़र तिलिस्म

शहर की
गुंजान-सी, महबूस-सी
साँसों को बेहंगम किये देती हुई
यूरिश से दूर
दौड़ती सड़कों पर
इक बेरूह जिस्मों के
समन्दर से परे
शबनम आसा
इक मुसल्सल सब्ज़ाज़ार
इक रहगुज़ार
पाँव से बाँधे
फ़ुसूने-सदहज़ार
झिलमिलाते रंग की
नूर की नैरंग की
वादी में लाकर छोड़ती है

क़स्रे-रूह-ओ-जिस्म के
सब बामो-दर करती है वा
और शह्रे-शोरो-शर के
दर-दरीचे
दिल पे कर देती है बन्द

अब्दुर्रहमान सैफ़ (सैफ़ देवबन्दी)

ईमेल - abdurrahmansaif@gmail.com
मोबाइल - 9411485040
पता - अज़ीम बुक डिपो, देवबन्द, सहारनपुर- 247554

ज़ईफ़ शख़्स

एक वो शख़्स जो कि ज़ईफ़ उम्र है
जिसे घर के हर फ़र्द की फ़िक्र है
चेहरा गुज़रे हुए वक़्त का आईना
बाल चाँदी के हैं सोने का तज्रुबा
चश्मे के पीछे से झाँकते दो नैन
क़ैद जिनमें हैं कितने ही गुज़रे ज़िम्न
उनकी इज़्ज़त करें फ़र्ज़ ये सब का है
उनका साया रहे ये करम रब का है
हैं वही जो कि घर में हैं सबसे बड़े
उनके अल्फ़ाज़ हैं मस्लेहत से भरे
कारे-बेजा पे उनका हमें टोकना
हर बुराई से हमको सदा रोकना
घर में सबके लिए दस्ते-शफ़क़त हैं वो
घर की रौनक़ हैं वो, घर की बरकत हैं वो
ये बड़े जब जहाँ से चले जाते हैं
उनकी अज़्मत को फिर हम समझ पाते हैं
याद फिर उनकी हमको बहुत आती है
दिल को तड़पाती है और गरमाती है
अब ये एहसास हमको सताने लगा
घर में कोई बड़ा भी नहीं अब रहा
अब ग़लत बात पे कौन टोके हमें
कौन समझाये और कौन रोके हमें

कौन देगा हमें अब भला मश्विरा
कौन है जो बढ़ायेगा अब हौसला
जिसमें कोई बड़ा कोई रहबर नहीं
इक मकाँ है हक़ीक़त में वो घर नहीं
आज गर हमने इज़्ज़त नहीं उनको दी
कल को दुहरायेगा वक़्त फिर ये घड़ी
कल हमें भी हिक़ारत से देखेंगे सब
तंज़ के चन्द पत्थर भी फेंकेंगे सब
बस यही बात हमको समझ जानी है
अश्क होते हैं क्या और क्या पानी है
इसलिए सब बुजुर्गों की इज़्ज़त करें
उनसे नफ़्रत नहीं हम मुहब्बत करें
सिर्फ़ बूढ़े नहीं घर की ये शान हैं
अपना सरमाया हैं और पहचान हैं

ख़बर

ख़बर ये आयी है जबसे कि आ रहे हो तुम
मेरे वजूद पे हद दर्जा छा रहे हो तुम
हवा के झोंकों में कैसी ये आज ख़ुश्बू है
फ़ज़ा में रंग हैं बिखरे, उजाला हर सू है
न जाने कैसा नशा है, सुरूर-सा क्यूँ है
तुम आ रहे हो तो मुझको गुरूर-सा क्यूँ है
तुम्हारे वास्ते ख़ुद को सँवारती हूँ मैं
नज़र लगी भी नहीं और उतारती हूँ मैं
तुम्हारी याद की शिद्दत का अब ये आलम है
ख़िज़ाँ भी मेरे लिए इक सुहाना मौसम है
तुम्हारे साथ गुज़ारे हुए सभी लम्हे
मुझे हैं याद मुहब्बत भरे सभी लम्हे
वो शोख़ नज़रें, वो मुझको समेटती बाहें
मिली हुई थीं दिलों को बिहिश्त की राहें
वही ज़माना तो अब फिर से आनेवाला है
तवील हिज्र का मौसम गुज़रनेवाला है
कि फिर से साथ रहेंगे मेरे हसीं हमदम

सुनेगी फिर से ये धड़कन वो प्यार की सरगम
कि फिर से चाँदनी हो जायेंगी मेरी रातें
वफ़ा की रागिनी गायेंगी फिर सभी रातें
दिनों में भी तो मुहब्बत की रौशनी होगी
तुम्हारी बाहों के घेरे में ज़िन्दगी होगी
ये सब ख़याल हक़ीक़त में ढलनेवाले हैं
शबे-फ़िराक़ के लम्हे बदलनेवाले हैं

बस आने को हैं ज़रा देर में मेरे हमदम
कि दिल से जाने लगे हैं ज़माने भर के ग़म
सुनायी देने लगी हैं ये आहटें कैसी
ये दर पे वक़्त से पहले हैं दस्तकें कैसी
हुई है दर पे जो दस्तक, लो आ गये हैं वो
निगाहे-शौक़ सँभल जा कि आ गये हैं वो
खुला जो दर तो कोई और ही मुक़ाबिल है
ये कैसी आज मेरे दिल पे आयी मुश्किल है
बतायें क्या मियाँ आसिफ़ बक़ा का घर है ये?
करें मुआफ़ हमें इक बुरी ख़बर है ये

बुरी ख़बर से बतायें मुराद क्या है सर
बग़ैर शक के ये आसिफ़ बक़ा का ही है घर
शरीके-ज़ीस्त हैं बाहर से आनेवाले हैं
बहुत दिनों में वो बार्डर से आनेवाले हैं
हमें है रंज बहुत आप से ये कहने में
गुज़िश्ता रात अचानक ही हमला होने पर
वतन के वास्ते क़ुरबान हो गये हैं वो
कि अब स्वर्ग के मेहमान हो गये हैं वो

नहीं नहीं ये सितम मत करो मेरे दिल पर
ख़बर ये झूठ है कह दो, करो रहम मुझ पर
उजाड़ दी है मेरी कायनात इक पल में
यूँ लग रहा है कि जैसे खड़ी हूँ जंगल में
मेरे लिए ये ख़बर ग़म का दौर ले आयी
बचे हैं ज़ीस्त में अब मेरी दर्दो-तन्हाई

सिलसिला

अय मेरी हमनशीं, अय मेरी दिलरुबा
जाने कैसा तेरे साथ है सिल्सिला
तुझसे बातें जो कीं, मुझको ऐसा लगा
जैसे खोया हुआ, कुछ मुझे मिल गया
अय मेरी हमनशीं, अय मेरी दिलरुबा.....

हमख़याल हमनफ़स, हमसुख़न हमज़बाँ
दोस्त मिलते नहीं हैं किसी को यहाँ
मेरी ख़ुशफ़हमी, जो मुझे तू मिली
तेरे आने से रौशन हुई ज़िन्दगी
तेरी यादों से अब, सिल्सिला है अजब
दिल यही सोचता है, मिलूँ तुझसे कब
इत्तिफ़ाक़न हुआ है ये कैसा ग़ज़ब
तेरे मेरे ख़यालात मिलते हैं सब
शौक़ दोनों के भी एक जैसे ही हैं
दोस्त सच्चे क्या होते जी ऐसे ही हैं
है मेरी आरज़ू, सामने जब हो तू
ख़ामुशी की ज़बाँ में चले गुफ़्तगू
शाम ढलने लगे, सामने तू रहे
तुझको देखा करूँ और बस ये कहूँ
मुझको तू जो मिली ज़िन्दगी मिल गयी
अय मेरे हमनशीं, अय मेरी दिलरुबा
जाने कैसा तेरे साथ है सिल्सिला

वहशत

जब से लौटा हूँ तुझसे मिलकर मैं
दिल कहीं पर भी अब नहीं लगता
ओढ़ली हैं उदासियाँ शब ने
दिन भी चुभता है किरचियों की तरह
दिल के अहवाल क्या कहूँ तुझसे

कभी लगता है दूर तक तन्हा
मैं टहलता हुआ चला जाऊँ
और कभी ये ख़याल आता है
नोच डालूँ हवाओं के चेह्रे
बादलों को लपेटकर रख दूँ
हँसनेवालों से दूर हो जाऊँ
सारी ख़ुशियाँ समेटकर रख दूँ
ग़म को ऐसे लिबास कर लूँ मैं
ख़ुद को तेरे ही पास कर लूँ मैं
कोई नज़्दीक भी न हो मेरे
दूर तक हो मुहीब सन्नाटा
ग़ैर मौजूदगी में भी तेरी
तुझको देखूँ, तुझी को प्यार करूँ
तेरे होंठो की नरमियों की क़सम
छू के तुझको मैं मुश्कबार करूँ
होके मेरे तख़य्युलात का पैकर
आ भी जा कि बग़ैर अब तेरे
साँस लेने में दर्द होता है!

दर्द

आज मैं फिर तन्हा हूँ
एक अधूरा सपना हूँ
जाने क्यूँ मैं रोता हूँ
जाने क्यूँ मैं खोता हूँ
मेरे दिल पे जब छाये
दर्द के घने साये
तुम मेरे थे हमसाये
पास भी नहीं आये
दिल ने ली है अँगड़ाई
फिर से उसकी याद आयी
ग़म की बदली फिर छायी
बढ़ती जाये तन्हाई
आज क्या करूँगा मैं

जियूँगा या मरूँगा मैं
दर्द गर सहूँगा मैं
तो ही ख़ुश रहूँगा मैं

अमीर इमाम

ईमेल - imamameer24@gmail.com
मोबाइल - 8755593144
पता - नम्बरदार हाउस, नूरियो सराय, सम्भल (उ. प्र.)

मुतालबा

ये क्या हुआ
कि तीरगी से शाम की ख़लीज पाट दी गयी
ये क्या हुआ
मेरी ख़ामोशियों की हर सदा
जहाँ के शोरो-गुल से काट दी गयी
ये क्या हुआ कि आज भी दिन तमाम हो गया।
अभी बवक़्ते-सुब्ह सिर्फ़ सुब्ह था
ज़रा-सी देर बाद शाम हो गया।
तो कितना ख़र्च हो चुका हूँ
कितना रह गया हूँ मैं
मुझे हिसाब चाहिए
वही सवाल आज उसको फिर जवाब चाहिए
ये आँख शोर कर रही है, इसको ख़्वाब चाहिए
शबे-सियाह अज मुझको माहताब चाहिए
शराब चाहिए।

गुरिल्ला-वार

भुला देने की क़ूवत से बड़ी क़ूवत नहीं कोई
कोई भी याद कितनी ही क़वी हो,
लेकिन उसका बस यही अंजाम होना है,
भुला देने की क़ूवत से महाज़आराई में उसको सदा नाकाम होना

है
मगर अब तक तेरी यादें
भुला देने की क़ूवत पर किसी शब मारकर शबख़ून
उसको दंग करती है
तेरी यादें भुला देने की क़ूवत से
मुसल्सल जंग करती

गुमशुदा

मैं इस दुनिया के मेले में
खिलौनों की दुकानों पर
सजे हर इक खिलौने को
बड़ी हसरत से तकता जा रहा हूँ,
उस इक बच्चे की सूरत
जिसको ये मालूम तक होता नहीं
वो खो गया है,
वो जिनके साथ आया था
वो उसको ढूँढ़ते-फिरते हैं लेकिन,
वो तो उस मेले में चलता जा रहा है,
बिना सोचे कि उसके चलते जाने का भला अंजाम क्या होगा
बिना जाने
कि जब ढल जायेगा दिन
और होगी शाम क्या होगा।

कश्ती

यक़ीन मानो
कि मेरी आँखों के ख़ुश्क तन्दूर से
वो चश्मा उबलने वाला है
जिसका पानी
बहा के ले जायेगा ये सबकुछ
ज़रा भी ख़ुश्की कहीं न होगी
कि जिसपे कोई क़दम जमा ले

कहीं भी जाये अमाँ न होगी
जहाँ पे छुप जाये कोई और जानबख़्शवाले,
तो सब ये ऐलाने-आम सुन लें,
वो सब जो उस वक़्त मुझपे हँसते थे
जब मैं यादों के जोड़ों को जमा कर रहा था
वो सब सुनें,
कि ज़िन्दगी बस रहेगी उसकी
जो मेरी कश्ती में साथ होगा,
कि मैं
जो ख़्वाबों की एक कश्ती बना रहा था
वो आज तैयार हो गयी है।

माज़ी

हमारे गाँव में इक जगह ऐसी है,
जहाँ बारिश का पानी जमा होकर
दूसरे नीचे इलाक़ों से
ज़ियादा वक़्त तक मौजूद रहता हैं,
सबब इसका किसी को भी नहीं मालूम लेकिन
बुजुर्ग इतना बताते हैं
वो कालू है ना, कालू
यहाँ पर सारी दिन कपड़े धोता था,
यहाँ तालाब होता था।

कभी देखा नहीं तुमको

कभी देखा नहीं तुमको
हमेशा से फ़क़त आवाज़ बनकर मेरी आँखों में उतरती हो
गुज़रती हो मेरे दिल से
मगर इस फोन से होकर गुज़रती हो,
कभी देखा नहीं तुमको
चलो ये फ़र्ज़ कर लो
जैसे तुमको देखता है कोई

और वो कैसे देखता है
आज ये मुझको बताओ तुम
इन आँखों से मुझे ख़ुद को दिखाओ तुम
मैं देखूँगा कि वो आँखें
तुम्हारे जिस्म में कैसे नहाती हैं,
मैं देखूँगा कि वो आँखें
तुम्हारे जिस्म में कैसे नहाती हैं
मैं देखूँगा कि वो आँखें
तुम्हारी बेकरानी को भला कैसे समाती हैं
मैं देखूँगा कि वो आँखें
तुम्हारे जिस्म के हर जोड़ से
किस तरह जुड़ती हैं,
ढलानों पर फिसलती हैं वो कैसे,
फिर सँभलती हैं वो क्यूँकर,
और मोड़ आते हैं तो किस तरह मुड़ती हैं
उन आँखों की ज़बानी दास्ताँ अपनी सुनाओ तुम,
मुझे ख़ुद को दिखाओ तुम,
कि तुमको देखने की आरज़ू ने
इन आँखों का गिरेबाँ चाक कर डाला
वो सिल जाये
मुझे आराम मिल जाये

मर्सिया

वो इक पेड़ जो इस इलाक़े की सबसे बड़ी शख़्सियत था
अपने चारों तरफ़ के मकानों को जिसने
थामकर उँगली चलना सिखाया
उसे सब ख़बर थी
कि किस घर में किसकी लड़ाई हुई है
मगर चुप रहा
और हर घर के हर राज़ को उसने सबसे छिपाया
कच्ची दीवारें अक्सर
कोठी की शिकायत जो करती थीं उससे
तो उनको बिठाकर

प्यार से मुस्कराकर
ज़रा डाँटता था
सद्र दरवाज़ों का
सारे दालानों से फ़ासला था मगर,
चन्द झोंकों से वो फ़ासला पाटता था।
वही पेड़ अब सर झुकाये खड़ा है
कच्ची दीवारों के छोटे-छोटे मकाँ
पक्की ईंटों के दो मंज़िले हो गये हैं
पेड़ ख़ामोश है
वो मकाँ उसके हिस्से की धूपों को घेरे खड़े हैं
बड़े हो गये हैं।

अली ज़रयून

ईमेल - zen.zaryoun@gmail.com
मोबाइल - +923457778827
पता - हाउस नं.- 63, स्ट्रीट नं.- ए, ब्लॉक नं.- एक्स,
मदीना टाउन, फ़ैसलाबाद (पंजाब), पाकिस्तान

छिछोरी लड़कियों का दुख

'छिछोरी लड़कियाँ' हैं हम!
हमें हर दिन यही सुनने को मिलता है
कहीं औबाश नज़रों को–
कहीं गन्दे इशारों को नज़रअंदाज़ करने पर
कहीं ऑफ़िस, कहीं कॉलेज, कहीं पर फैक्ट्री में काम करते वक़्त
बस इतना बताने पर
कि हम कठपुतलियाँ/ मज्बूरियाँ हरगिज़ नहीं हैं!!
जो तुम्हारे हुक्म पर नाचें!
कहीं रस्मो-रिवाजों पर ज़रा-सी इख़्तिलाफ़ी बात करने पर
यही सुनने को मिलता है– 'छिछोरी लड़कियाँ' हैं हम

अगर इस झूठ की घटिया मआशरती ग़ज़ालत को
ग़लत कहना छिछोरा है
तो हम बिल्कुल छिछोरी हैं!

छिछोरी लड़कियों का दुख ये 'इज़्ज़त-मआब' क्या जानें
जो औरत को भी इक टॉयलेट समझते हैं!
कि जिनकी सोच में औरत का मानी सिर्फ़ 'बिस्तर' हो
तो उनके सामने बुर्क़ा पहनना भी कोई मानी नहीं रखता
'छिछोरी लड़कियों' का दुख ये 'इज़्ज़त-मआब' क्या जानें!
कि जिनका मस्अला इज़्ज़त नहीं है
सिर्फ़ कपड़े हैं,
फ़क़त उतरे हुए कपड़े!!

दावत

अगर रौशनी, रौशनी में मिले भी तो क्या फ़ायदा है?
अँधेरे में आओ!
यहाँ आके चमको!
क़सम है! मुसल्लों से भटके हुए आँसुओं की!
सियहकार लोगों के दिल क़ीमती हैं
जो इक बार ये रौशनी में नहा लें
तो फिर अस्र भर ये उजालों का मानी नहीं भूलते हैं
सो हम जो सियाही भरे सफ़-ब-सफ़ हैं
तुम्हारी तजल्ली का उम्दा हदफ़ हैं
सो तुम रौशनी
ला तख़फ़ अपनी पूरी तवानाई लाओ
कि हम जो अज़ल से ज़माने की धुत्कार पर हैं
सवाली बने
अपने अस्वद-दिलों की सियाही लिये अब दरे-यार पर हैं!
सो तुम रौशनी!
हम सियाही भरों को मुनव्वर बनाओ
मुहब्बत
ज़रा इस अँधेरे में आओ
यहाँ आके चमको!

हाल

मुझे
यानी मुहब्बत को भला इस बात से क्या है
कि तुम क्या थीं
कहाँ किससे मिली थीं
और कहाँ शामें गुज़ारी थीं
तुम्हारी सुरमगीं आँखों ने किसके ख़्वाब देखे थे
नहीं!
मुझको
मुहब्बत को किसी माज़ी के लम्हे से कोई मतलब नहीं रखना

मुहब्बत 'है' का सेग़ा है!
ये 'था' और 'थी' नहीं होती
ये 'होती है'
सदा होने को होती है
ये वो मिट्टी है जो पानी भिगोती है
सो मैं
यानी मुहब्बत तुमसे क्यूँ पूछे
कि तुम किस ग़म से घायल थीं
मुहब्बत पूछती कब है!!
सवालों में नहीं पड़ती
ये इस्तक़बाल करती है
थके-हारे हुओं को अपना जीवन-दान करती है
गले मिलती है और आँखों पे अपना इस्म पढ़ती है
तो फिर जैसा भी माज़ी हो
कोई माज़ी नहीं रहता
सो मैं भी लम्हा-ए-मौजूद में तुमको सँभालूँगा
तुम्हारी मुस्कराहट से ज़रा पीछे
जो अनदेखी ख़राशें हैं
अगर मैं भर सकूँ उनको
तुम्हारी गुफ़्तगू में सिसकियों के अनकहे वक़्फ़े
हँसी में गर बदल पाऊँ
तो फिर मानूँ
कि हाँ मुझको मुहब्बत है
मुझे
यानी मुहब्बत को किसी माज़ी से क्या लेना
मुझे ये 'हाल' काफ़ी है...!

और मुहब्बत क्या देती है?

मन का मैल मिटा देती है
ख़ुश्बू अंग बसा देती है
सीना ख़ैर बना देती है
पैर नहीं थकते हैं जिसमें
ऐसा रक़्स करा देती है

सब रंगों से जान छुड़ाकर
यार का रंग चढ़ा देती है
पूछ रहे हो बाबा लोका[1]
और मुहब्बत क्या देती है?

और किसी से कब होता है
ये 'कुन' कह दे तब होता है
इसके दम से सब होता है
इसका मालिक रब होता है
रम्ज़ अलिफ़ समझा देती है
पूछ रहे हो बाबा लोका
और मुहब्बत क्या देती है?

इसकी मिट्टी भी सोना है
इसका खोना भी होना है
इसकी मस्ती ही वखरी[2] है
ये अल्हड़ है और अथरी[3] है
ये होने पर आ जाये तो
सौ बुल्ले[4] नचवा देती है
पूछ रहे हो बाबा लोका
और मुहब्बत क्या देती है?

1. पंजाबी में साधू लोग बोलते हैं, किसी को नसीहत करते समय; सामान्यतः इसका अर्थ होता है– अय इंसान, अय भले आदमी।
2. पंजाबी शब्द, जिसका अर्थ है– अनोखी, विशिष्ट।
3. पंजाबी शब्द, जिसका अर्थ है– स्पष्टवादी, धाकड़। 4. बुल्ले शाह।

मिलन

भेजने पर कोई रोक नहीं है
सरहद पर कोई बाड़ नहीं है
भेजना चाहो तो देहली से ख़्वाजा जी की ख़ुश्बू भेजो
ख़ुसरो के कुछ गीत, अमृता की कुछ बातें
और गुलज़ार की ताज़ा नज़्में

भेजने को गर जी चाहे तो कितना कुछ है
बिना लड़ाई के जो भेजा जा सकता है
इधर से कुछ मँगवाना है तो वो भी लिक्खो
यहाँ नये लिखनेवालों ने
इतना सारा प्रेम लिखा है
इसके अलावा
दाता की नगरी में एक बहुत मज्ज़ूब हँसी रहती है
उसकी अम्न भरी मुस्कान की ठण्डक भेजी जा सकती है
और बहुत-कुछ है जो लिक्खा जा सकता है
और जो लिक्खा जा सकता है
वो सब भेजा जा सकता है
गोली और बारूद के भाषण अब भी रोके जा सकते हैं
अपनी-अपनी सच्चाई में बिना लड़ाई के भी जीना हो सकता है
कोशिश है ना
करके देखो !

मलबे से बरामद नज़्म

किसी तेहरान की नींदें न टूटीं
किसी काबुल ने अँगड़ाई नहीं ली
किसी शीराज़ से दावत न आयी
किसी बग़दाद से पुरसा न पहुँचा
किसी स्पेन से रहमत न आयी
अमीराने-हरम पेट्रोल पीकर
नवाहे-साम को झुलसा रहे थे
कि फ़तवे आदमी को खा रहे थे
कई बाजोड़ और लाहौर उजड़े
हरे पत्ते शजर से झड़ रहे थे
कई फ़जिरें मुक़फ़्फ़ल हो रही थीं
कहीं गंगा का पानी जल रहा था
कहीं पर बूट भारी पड़ रहे थे
तबाही तो गली में घूमती थी
मगर सब फेसबुक पर लड़ रहे थे
ब्राउज़र हिस्ट्री में जाके देखा

कोई तारीख़-सी तारीख़ निकली!
'यहूदी साज़िशों' की तोहमतों में
विदेशी औरतों की भीख निकली
ये ग़ुरबत! भूख के मारों की ग़ुरबत
सहूलत? अय 'प्राडो'[1] की सहूलत
नवाहे-एशिया! मातूब आदम
अज़ल के चूक में मस्लूब आदम
बहुत 'बेकार' था, जो सोचता था
वही 'ग़द्दार' था, जो बोलता था।

1. टोयटा कम्पनी की एक लक्ज़री कार।

जागो

मैं नीले का सुर्ख़ हूँ
तुम क्या हो? धानी?
मैं मिट्टी की आग हूँ
तुम क्या हो? पानी?
मैं जनता की दहाड़ हूँ
तुम क्या हो? अफ़्वाह?
हाँ मैं रेड़ीबान हूँ
तुम क्या हो? रिश्वत?
मैं खेतों का सब्ज़ हूँ
तुम क्या हो? वहशत?
तुम? कुछ भी कुछ भी नहीं
और मैं सबकुछ हूँ,
मैं शायर मैं क़लमकार
मैं मेहनत-मज़्दूर
मैं 'बुल्ला' मैं 'शम्स' हूँ,
मैं ही हूँ 'मंसूर'
मैं जब तक ख़ामोश हूँ,
तुम तब तक ही शोर
मैं जब तक कमज़ोर हूँ,
तुम तब तक हो ज़ोर

अब ख़ुद से बिनती करूँ
मेरा टूटे ख़्वाब
अब ख़ुद को झिंझोड़ लूँ
अब मैं जाऊँ जाग!

आदिल रज़ा मंसूरी

ईमेल - aadilmansoori@gmail.com
मोबाइल - 09829088001
पता - 413, महिमा हेरिटेज, सेण्ट्रल स्पाइन,
विद्याधर नगर, जयपुर (राजस्थान) पिन- 302039

ज़माना पहले

ये नाम तुमने सुने तो होंगे
कोई है बुद्ध तो कोई है गौतम
कोई है शाक्य मुनि कहीं तो
कहीं पे कोई सिद्धार्थ भी है
मगर ये सच है
वो एक ही है
ये नाम सारे उसी के हैं बस
जो घर से अपने निकल पड़ा था
अकेली शब में ज़माने भर से उदास होकर
वही अकेला तो है कि जिसने निर्वाण पाया
फिर उसके नक़्शे-क़दम पे देखो
हज़ारों-लाखों निकल पड़े थे
निकल रहे हैं कि
चल रहे हैं

मगर
ज़माना भुला चुका है
यशोधरा भी नाम उसका
कि जिसने निर्वाण पा लिया था
हमारे शाक्य मुनि से पहले
ज़माना पहले!

बदलाव

मंज़र के बदलते ही
जंगल हो गये हैं
शहर
गली-गली घूम रहे हैं
शिकारी..... सल्ब करते
हमारी क़ुव्वते-गोयाई
चाहते हैं
हम उनका कहा दोहरायें
'ईको' हो जायें

बदलाव-2

बजा है कि
बारिशों से पहले भी
उदास था जंगल
और अब भी है
जब कि हो चुकी है
बारिश
लगता है
ठहर गया है
मौसम अंदर का
हो गयी है जामिद
समाअत और बसारत
देखते सुनते हुए भी जो
नज़र आता नहीं है
बदलाव!

व्रात्य-दोष*

नहीं मिटती
किसी की भूख

रोटी से
नहीं करते
किसी के दर्द का दरमाँ
आँसू नहीं होता असर
दी हुई दुआओं का
नहीं उठता
कोई इन्क़िलाब
लहू से नहीं उगता
कोई सब्ज़ा
पसीने से
फलता ही नहीं कोई भी काम
बाँधा ही नहीं गया प्रेम-सूत
हमारी उम्रें गुज़र चुकी हैं!!

* हिन्दू मत के मुताबिक़ तय उम्र तक जनेऊ न बाँधे जाने पर आदमी पतित हो जाता है और उसका किया कोई भी काम नहीं फलता।

ख़ामोशियों का सर्द मौसम

कहाँ है
दूर-दूर तक
कुछ
(न अन्दर न बाहर)

रेंगते हैं साये यादों के
हाफ़िज़े के चेह्रे पर
झुर्रियाँ बनकर

क़तरा-क़तरा
जमा जा रहा है
सुकड़ती ठण्डी पड़ती
रगों में ख़ून
जिसे रास अब आने लगा है
सर्द मौसम

'न हाथ बाग पर है न पा है रिकाब में'*

पलटकर देख भर सकती हैं
भेड़ें
बोलना चाहें भी तो बोलेंगी कैसे
हो चुकी हैं सल्ब आवाज़ें कभी की
लौटना मुम्किन नहीं
सिर्फ़ चलना और चलते रहना है
ख़्वाबों के ग़ार की जानिब
जिसका रस्ता
सुनहरे भेड़ियों के दाँतों से होकर गुज़रता है

*ग़ालिब

पसो-पेश

सिमट आये हैं सातों समन्दर
एक क़तरे में
जिसमें सिमट आये थे
सातों आसमान
वो क़तरा अब टपकना चाहता है
पलकों से मुझे ये फ़िक्र
ज़मीं के बत्न को इतनी क़ुव्वत कौन बख़्शेगा?

लिबास

लटका दिया
दिन खूँटी पर
हैंगर से उतारी रात
पहनने के लिए
दिन और रात
हो गये कितने पुराने
अगले सफ़र के लिए

मुनासिब रहेगा
कौन-सा लिबास?

ना-कर्दागुनाह

बिखर गया
हवा के थपेड़े से
घोंसला
मिलाऊँगा कैसे नज़र
लौटकर आयी अगर
चिड़िया

नींद खुलनेवाली है

याद की सोगवार डाली पर
एक ताइर उदास बैठा है
रात जिसको सुनाये जाती है
ऊँची-ऊँची उड़ान के क़िस्से

एक ताइर शिकस्ता पर ताइर
घूरता है ख़लाओं की जानिब
अपना साथी तलाश करता है
सुब्ह का इन्तिज़ार करता है

एक ताइर जो उड़ नहीं सकता
सुन रहा है अज़ल से ये जुम्ला
जान उसमें भी आनेवाली है
नींद वादी की खुलनेवाली है

पत्ते का ग़म

उसके हरा रहने
सूखने-झड़ने से

फ़र्क़ कुछ पड़ता नहीं है
पेड़ को
क्या इसी ग़म में
घुल जाता है पत्ता

रवायत

हर रोज़
बदल जाता है कुछ-न-कुछ
कमरा
हर हफ़्ते अशरे में
नये सलीक़े से
सजाया जाता है सामान
वक़्त के साथ
बदल जाती हैं
कुछ चीज़ें भी
मगर एक साथ
सबकुछ बदलने के लिए
बदलना ही होता है
घर

दो अजनबी

इक पत्ती के
टूटने-गिरने की आवाज़ से
सिहर उठा है
सहमता पेड़

बेतअल्लुक़ शाख़ पर बैठी है
चिड़िया नाक के नीचे पड़ा है
घोंसला...... बिखरा हुआ
जिसके गिरने और बिखरने की
सदा से बेख़बर है पेड़

मुद्दतों से
वो हमारी ही तरह हैं
साथ-साथ

पेश रौ

जहाँ से हुआ था शुरू
सफ़र
देखा वहाँ कोई नहीं था
सामने था
मुंतज़िर सहरा सफ़र का
और साये ख़ारदार
देखते-रुकते ठीक वैसे ही
जो मेरे आगे की पायदानों पर खड़े सायों ने
सोचा, चाहा और किया

मैं जो उनका पेश रौ हूँ

हमारे वक़्त का सच

सड़कों पर होनेवाली गोली-बारी से ज़ियादा
ख़ौफ़ है कुत्तों का जो
सूँघ लेते हैं
डरे-सहमे जिस्मों को..... दूर ही से
और दौड़ पड़ते हैं
उनकी जानिब
भौंकते...... ख़बरदार करते
अपने ही जैसों को जो
अब पैरों पर नहीं
पीठों पर चलाते हैं गोली
और बाक़ी काम
झपटनेवाले करते हैं
जिनकी रगों में

इंसानी लहू और हड्डियों पर
आदम-गोश्त की मिक़्दार
डरे-सहमे जिस्मों से कहीं ज़ियादा है

आनन्द बाजपेयी

ईमेल - anand4frns@gmail.com

प्रेम

जब भी कोई देखे
तुम्हारी तरफ़ प्रेम से,
तो पहले उसकी चोटें गिनना
और ये भी गिनना कि
कितने टाँके उधड़े हुए हैं
उसके पुराने घावों के।
कि कभी-कभी प्रेम
आता है बस मेहमान बनकर।
जैसे कभी-कभी प्रेम
मरहम लगी पट्टी होता है,
कि ठीक होती चोट से
जब उतरती हैं पट्टियाँ
तो जलाये जाने तक
होती हैं लथपथ
किसी एक के दुखों में।
प्रेम हमेशा नहीं रहता,
आख़िरी साँस तक
कभी-कभी ये पनपता है
किसी टूटे हुए दिल की
तुरपाई होने भर तक।
और तुम जो ये सोचो कि
ऐसे तकल्लुफ़ रिश्तों को
प्रेम कहना ठीक नहीं

तो कुछ और कह लो।
कि मैंने देखा है प्रेम का बस यही चेह्रा।
और तबसे मुझमें ताब नहीं कि कुछ और देखूँ।

कुछ लोग

होते हैं पारंगत बातों में
और पढ़ लेते हैं आँखों की भाषा।
रखते हैं याद
जन्मदिन गाना, खाना
और जाने क्या-क्या।
होते हैं जादूगर छुअन के
जो चीन्हते हैं
हाथ थामने गले लगने
और चूमने की सही-सही घड़ियाँ।
फिर कुछ और लोग भी होते हैं
जो होते हैं जब प्रेम में तो
छीलते हैं दो आत्माएँ।
और रखते हैं खुले दोनों के सारे ज़ख़्म।
ऐसे चाराग़र जो होते हैं
मरज़ दवा सबकुछ ख़ुद।
कुछ लोग करना जानते हैं
प्रेम की 'स्विस नाइफ़' से
महीन टुकड़े ज़ेह्नों के।
ताकि भर सकें
अपने भीतर की ख़ाली जगहें
और शायद बनायें भी कुछ
ज़रूरत पड़ने पर।
कुछ लोग नहीं सीख पाते
किस तरह मिलती हैं
दो आत्माएँ गुज़रकर
बदनों के पुल से।
मुझे पता करना है
वो हैं कौन से लोग

जो प्रेम में ख़त लिखते हैं।
प्रेम में होना
अस्ल में माँगता है
आपका जाने क्या-क्या होना।

प्रतीक्षा

हमारा लिया एक निर्णय है
जिसका सही या ग़लत होना,
किसी दूसरे पर निर्भर करता है।
प्रतीक्षा,
सबसे सटीक मायनों में,
एकतरफ़ा प्रेम है।

इतनी सी दुआ

तुम्हारे लिए
कि आधी नींद में
ली करवट पर
तुम्हें महसूस हों
जिसकी साँसें
अपने चेहरे पर,
तुम ख़्वाब भी
उसी के देखो

तलाश

उसका कोई खो गया है
जिसे वो मुझमें ढूँढ़ता है।
और मैं डरता हूँ कि
इक रोज़
इस तलाश से उकताकर
कितना उदास होगा वो

कि मुझमें, सिवा मेरे, कोई नहीं निकला।

वो ख़त लिखता

छोटे-बड़े ख़त।
और उन्हें रखकर
एक सादे लिफ़ाफ़े में
कभी बस तो
कभी फुटपाथ पर
छोड़ आता।
कभी-कभी
वो सादे काग़ज़ को
लिफ़ाफ़े में रखकर
कुछ पुराने पते लिखता
मगर कहीं भेजता नहीं।
मुझको कल शाम मिला था वो शख़्स,
कह रहा था
भीड़ बहुत है दोनों जगह
बातें सही पते पर पहुँचती नहीं आजकल।
लेकिन मुझे लगता है,
दरअस्ल सही बात
सही पते पर नहीं पहुँचती।
सब ख़तनवीस बनते रहे,
डाकिया अच्छा कोई न हुआ।

मेरी परछाईं

अगर तुम जानना चाहते हो
मेरे बारे में तो
मेरी परछाईं को परखो।
क्योंकि मेरी परछाईं ही
छिलती रही है लगातार
मेरे बदन से लगकर

घिसटती हुई,
हर उस राह पर
जिस पर से भी मैं गुज़रा।
बाकी हमसफ़र सब चले गये,
अपनी-अपनी परछाइयाँ लेकर।

मेरा मन

मेरा मन तुम्हें ढूँढ़ता है,
जैसे बड़े-बड़े शहरों में
बड़े से स्कूल के बाहर
बच्चा माँ को ढूढ़ता है।
मेरा मन तुम्हें देखता है
जैसे किसी दूर गाँव में
मेला जाने की हसरत से
बच्चा पिता को देखता है।
मेरा मन तुम्हें सुनता है,
जैसे थके हुए जिस्म को
समेटे हुए गठरी-सा,
मन में दशकों का फैलाव लिये
कोई बूढ़ा भजन सुनता है।
मेरा मन तुम्हें चाहता है,
जैसे तूफ़ान तबाही चाहते हैं,
जैसे मुक़दमे गवाही चाहते हैं,
जैसे... जैसे... जैसे...
जैसे कोरे पन्ने रौशनाई चाहते हैं।

घर से दूर

घर से दूर गया आदमी नये शहर से
बहुत दिनों तक एकतरफ़ा प्रेम करता है।
ये दूसरी मोहब्बत करने जैसा है
जहाँ नये की पहचान से जुड़ा होता है

पुराने जैसा कुछ होना या न होना।
आदमी और शह्र के बीच हमेशा
पहले आदमी ने शह्र को चाहा।
फ़िर शहर ने आदमी को तराश कर
अपने लायक़ कर लिया।
लेकिन अजीब बात ये है कि
आदमी जब लौटता है अपने शह्र
तो वो नया आदमी होता है।
जिसके अन्दर बची रह जाती हैं,
सफ़र से लायी पराये शह्रों की मिट्टी
और उसमें, घर से मिलती-जुलती चीज़ें।
जैसे मिलने-बिछड़ने और मिलने के दौरान
हम बदलते रहते हैं, एक नये महबूब में,
ठीक वैसे ही, बदलता है ऐसा आदमी
कि उसे पहुँचना होता है घर, हर रोज़ शाम से पहले।
और आख़िर में बस शहर बचते हैं
आदमी गढ़ता है घर की नयी परिभाषा
कि आप जिससे बिछड़ते हैं,
उससे कभी पुराने बनकर नहीं मिल सकते।

मेरे भीतर

कभी-कभी लगता है
कोई और है मेरे भीतर
जो बीनता रहता है
तुम्हारी कही बातें
मेरे भीतर के जंगल में
दिन भर।
उसे नहीं फ़र्क़ पड़ता
मैं ख़ुश हूँ, उदास हूँ
या बैठा हूँ दोस्तों के साथ
या किसी कैफ़े में बैठा हूँ
एक ख़ाली कुर्सी के दूसरी तरफ़।
कोई और है मेरे भीतर

जो दिन भर तर्कीब लड़ाता है
तुम्हारी बात करने की।
वो जो कोई और है,
थोड़ा अजीब है।
उसकी बीनी हुई बातें
रोज़ सुबह बिखर जाती हैं
मेरे दिन के कोने-कोने में
और वो फिर से
लग जाता है अपने काम में।
वो, हालाँकि मेरे भीतर है
मगर फिर भी,
मैं उसे जान-बूझकर नहीं देखता।
क्योंकि उसने कहीं से सीख लिया है
कुछ-कुछ तुम्हारी तरह बात करना।
लेकिन कभी-कभी
बस कभी-कभी
जब मैं उकता जाता हूँ
उन लोगों के आस-पास
जो नहीं जानते तुम्हारे बारे में
मैं उससे कहता हूँ
हम एक जिस्म में रहनेवाले
दो बेढंगे लोग हैं।
तुम रात में कभी उठकर
बिखेर आते हो
अपनी सब जमा-पूँजी
ताकि उन्हें दिन उगने पर
फिर से जमा कर सको।
और मैं,
मैं तुम्हें ऐसा करने देता हूँ।

कोई एक जगह ऐसी,
जहाँ तुम वो सब हो सको, जो तुमने कभी सोचा हो।
मुझे बनना है, ठीक वैसा
जैसा सोचती हो तुम, कहते हुए 'घर'!

आलम आज़ाद

ईमेल - alamazad9200@gmail.com
मोबाइल - 9453660078, 9532327755
पता - प्रिंसिपल, नावेल गर्ल्स स्कूल, श्रीनाथपुर
प्रतापगढ़ (उ. प्र.)

बाढ़ का पानी

बस करो अब
बाढ़के पानी की तरफ़ मत देखो!
दब के टूटी हैं कई साँसें वहाँ
गली हुई लाशों के अम्बार तले
उल्टे पड़े हैं कई ख़्वाब
औंधे मुँह
दलदल में धँसे
मैंने सुना है डूबते हुए लोग
चीख़े थे बहुत!
कुछ इक की चीख़ गूँजी थी फ़िज़ा में
कुछ इक की हलक़ से बाहर ही न आयी
वो जद्दोजहद वो ज़ोर आज़माइश
वो लहराते हुए कई-कई हाथ
मदद को पुकारती हुईं बेबस आँखें
आसमाँ की तरफ़ तकते बेकस इंसाँ!
पानी के साथ उठता हुआ शोर
फिर यकायक की गहरी-सी ख़मोशी
उस वक़्त क़यामत थी।
पानी के साथ बहे थे मवेशी, रिहाइश
या यूँ कि कायनात बही थी सारी
उतरा है जो पानी तो
मिटा के शिनाख़्त ही उतरा है!

बस करो अब
बाढ़ के पानी की तरफ़ मत देखो!
मुझे डर है यूँ देखने से मुसल्सल
उतर आये न कहीं सैलाब तुम्हारी आँखों में
यही चीख़ें और सहम जाओ तुम
सीलन भरा मन तेज़ी से गले फिर
पुकारो कितना भी हिलाकर हाथ
न आये मदद को गये वक़्त कोई!
मुझे शक है कि तब भी
चहकेंगे ये होंठ तुम्हारे यूँ ही
आ लिपटेगा आगे बढ़कर
इस बाढ़ का पानी जो तुमसे,
लाओगे इक अदद धूप कहाँ से
गीले एहसास सुखाने को

बस करो अब
बाढ़ के पानी की तरफ़ मत देखो!
ये घड़ी, ये मनाज़िर
उफ़! सब अल्लाह की मर्ज़ी है
सब क़ुदरत का करिश्मा है!!

मुझसे दूर होकर

तुम्हारे सभी शिकवे-गिले
उम्मीद है अब दूर तो हो ही गये होंगे!
तुम्हारा परीशाँ दिल
बड़ी राहत में होगा अब
सुकूँ की नर्म बौछारें
दामन को भिगोकर
रूह को तर कर रही होंगी
तुम्हारी हथेली भी
भर गयी होगी उजालों से
तुम्हारे होंठों की तबस्सुम
आयी होगी लौट फिर से होठों पर!

बहुत पशेमाँ थे
ज़रा-सा बात करके तुम
मेरे क़रीब आकर लगे थे समझने
ख़ुद को ख़तावार भी तुम न?
बहुत अफ़्सोस था तुमको
अपनी इस सरकशी पर भी
मेरी रग़बत पर तुम्हें एतराज़ भी था न?
तो देखो- लेकर इक अधूरी दास्ताँ
तुमसे मैं पलट आया
था चिराग़े-इश्क़ जो रौशन
मैं उसको भी बुझा आया
अब सिर्फ़ सुलगेगा चिराग़
फैलेगा धुँआ,
चलता जाऊँगा
मैं चलता जाऊँगा
हो जाऊँगा ओझल तुम्हारी नज़रों से
यहाँ तक कि किसी दिन मैं
दूर हो जाऊँगा दुनिया से!
ये ज़रूरी था
मेरे ख़िलाफ़ जाना ये मेरा
ज़ेहन में धुँए के धुंध-गुच्छे
ये उठती-बैठती मौजें
मेरा कमरा, मेरी कुर्सी
दीवारों से चिपकीं मेरी आँखें
जिस्म में बिखरी हुईं
ये बेतरतीब-सी साँसें
ये टेबल, ये डायरी, ये पेन
और मेरे होंठों को चूमती
अजनबी-सी नज़्म कोई इक
इतना सब तो काफ़ी है मुझे
तुम्हारे रूबरू रखने के लिए!

जब भी दिल की बात कही

जब भी दिल की बात कही
नाराज़ हुए तुम!
मैंने कहा– तुम्हारी आँखें
झील से गहरी
फूल से सुन्दर
सीप की मोती नीला अम्बर
नाराज़ हुए तुम!
मैंने कहा– तुम्हारी यादें
प्यार जगाएँ, दिल धड़काएँ
बेचैनी के साये
दस्तक दें छुप जायें
नाराज़ हुए तुम!

मैंने कहा-तुम्हीं हो मौसम
बारिश हो, धूप-छाँव हो
सर्द-सर्द-सी सुब्ह
ओस की बूँदें हो
नाराज़ हुए तुम!

मैंने कहा– इश्क़ है तुमसे
आओ चलें कहीं पर
बैठें, देखें, मुस्काएँ
पकड़ के उँगली लिखें
बड़ी शरारत कोई
नाराज़ हुए तुम!

मैंने कहा– ये रख लो दिल
हुआ तुम्हारा आज से ये
ये लो मेरा तोह्फ़ा है
फिर क्यूँ-क्यूँ-क्यूँ के
सुने कई सवाल मैंने
नाराज़ हुए तुम!

मैंने कहा-बहुत भोले हो
अंग-अंग में भरी नज़ाकत
ये मासूमियत भी इतनी
सुनकर अपनी ही तारीफ़ें
नाराज़ हुए तुम!

मैंने कहा- हथेली खोलो
इक गुलाब है देना तुमको
सुर्ख़ पँखुड़ीवाला ये
तुम जैसा है गुलाब ये
नाराज़ हुए तुम!

है मुझे बहुत कुछ कहना तुमसे
हैं बहुत-सी बातें तुम्हें बतानी
लेकिन सोच के रह जाता हूँ बस
करूँगा फिर क्या अबकी जो
नाराज़ हुए तुम!

बग़ावत

तय है कि अब रौशनी के लिये
इक हुजूम निकलेगा!
अब तो बोलने पर आयीं हैं
सदियों से दबी ख़मोशियाँ
मुर्दा रगों में अब हरारत जी उठी है
सिले होंठों पे बेचैनी-सी
तारी हो रही है अब
रौशनी के एक क़तरे से वो जो दबे-कुचले
सितारे आज तक महरूम थे
हौले-हौले उनमें हरकत आ रही है
सहमी-सी वो परछाइयाँ जो
रुख़ बदलने पे जा गिरती थीं क़दमों में
अब नहीं गिरतीं, कि जागा है ज़मीर उनका
दीवारों से चिपकी काइयों से अब

हट रहीं बेग़ैरती की फिसलनें
वजूद बचाने की इस जद्दोजहद ने
है खड़ा कर दिया लाकर
जाँबाज़ों की सफ़ में उन सभी को
वो जो बेसूद समझे जाते थे
उठाने सर लगे हैं अब
ज़िद है नर्म-नाज़ुक-सी हवाओं को
पर्वतों से पंजा लड़ाने की
चलो हम भी बदलते हैं अंदाज़-मिज़ाज
और नज़रिया आज से अपना
चलो हम भी बग़ावत करते हैं
ज़माने की शातिराना चाल से
घनेरी गुफाओं के मुहाने पर
वो जो खड़ा है इंक़लाब
खोल देगा रास्ते अब
आनेवाली नस्लों के लिये
चलो हम भी बग़ावत करते हैं.....

अबकी बार

अबकी बार जो मौसम बदला
अबकी बार घिरा जो बादल
होगी अबकी बार जो पहली बारिश
मेरे साथ नहीं रहोगे तुम!
अबकी बार काग़ज़ की बनाके कश्ती
ख़ुद ही तैराना होगा पानी में मुझको
इक छोर पे तुम, इक छोर पे मैं वाली
वो रीत नहीं निभ पायेगी अब
कौन डुबोयेगा चुपके से मेरी कश्ती
कौन हँस के पार करेगा अपनी अब
ख़ुद भीग-भीगकर मेरे ऊपर
छींटे कौन उड़ाएगा जी
अबकी बार जो भीगना होगा
मेरे साथ नहीं रहोगे तुम!

बारिश के बाद ज़मीं की
बैठ के हरी-हरी घासों पर उन
आँखों में आँखें डाल के मेरी
बातें कौन करेगा हँस-हँसकर
'उई माँ!' कौन कहेगा अब
देखके बीर-बहूटी कौन डरेगा
मैं किसकी आँखों में आकाश पढ़ूँगा
देखूँगा किस चेहरे पर इन्द्रधनुष
अबकी बार उगेगा इन्द्रधनुष जो
मेरे साथ नहीं रहोगे तुम!
न अबकी बार बहस होगी कोई भी
न अबकी बार कोई बँटवारा होगा
अबकी बार मुट्ठियों में
कोई क़िस्मत क़ैद नहीं रह पायेगी
अबकी बार बड़ी ख़मोशी से आयेगा
और आकर चला जायेगा सावन
घण्टे-दो-घण्टे बैठ किनारे बस यूँ ही
फेंक के पोखर में दो-चार कंकड़ी
मैं अबकी बार जो घर लौटूँगा
मेरे साथ नहीं रहोगे तुम!

तुम जी उठोगे

किसी तितली के पंख मख़मली
छुओ, उँगलियों पे मलकर
एहसास करो, अपने कोमल मन में
रंगों का बेमिस्ल अनोखापन!
किसी नदी में उतरो, कुछ देर तलक
बहती धारा में पाँव टिकाओ
माँ की नर्म छुअन फिर
बूँद-बूँद महसूस करो!
किसी एक रात चाँद को
लेकर के आग़ोश में अपनी
सिहरती हुई सुब्ह तक

ख़ूब निहारो, उतर जाये न
जब तक आँखों में तस्वीर कोई!
फूँक मारो हथेली पे रख
पंखुड़ियाँ गुलाब की कुछ
महक उठेगा आसपास की
हवा का बदन समूचा
हँसेंगी तुमसे लिपट के ख़ुशियाँ!
तुम जी उठोगे, मैं सच कहता हूँ
फिर-फिर से तुम जी उठोगे
साँसों के झरने खुल उठेंगे
तुम जी उठोगे!

आज बड़ा मुश्किल दिन था

फड़का बहुत कलेण्डर आज
दिन भर ड्राइंगरूम रहा सहमा
दिन भर दीवारों ने चोट सहा
छपे हुए सब हर्फ़ दर्द से
रहे कराहते दिन भर आज
निकल तारीख़ की आँखों से
अश्क फ़र्श पर फैल गये
आज बड़ा मुश्किल दिन था!
साल भर बाद तो मैंने आज
इधर-उधर कीं बन्द अलमारी में पड़ी किताबें
वो जो सूखे फूल पड़े थे
उन्हें सहेजे, मेज़ पर ज़मी गर्द साफ़ की
हटाये जाले, उग आयीं कुछ शक्लें नोची!
इक मुद्दत के बाद तो मैंने आज
ख़ुद को शीशे में देखा, चेहरे से खुरच-खुरचकर
सूखे अश्कों के दाग़ निकाले
दामन में लगी सियाही धुलकर
धूप में सारे ख़्वाब सुखाये
कुछ देर टहलकर छत पे मैंने
सिम्तों के कन्धे नापे

कुछ देर हवा के रुख़ पे मैंने
फाड़ के फ़िक्र के चिंधे उड़ाये!
हाँ याद आया
आज ही के दिन
अपने पिया घर गए थे तुम!

इंजील सहीफ़ा

ईमेल - injeelsahifa@yahoo.com
पता - डिप्टी कण्ट्रोलर ऑफ़ इग्ज़ामिनेशन
सरदार बहादुर ख़ान वोमेन यूनिवर्सिटी
क्वेटा, बलूचिस्तान, पाकिस्तान

अभी हम ख़ूबसूरत हैं

(ख़वातीन के आलमी दिन पर अहमद शमीम की नज़्र)

ज़ेहन में बिखरी सोचों को समेट रही थी
कि वो किताब सामने आ गयी
जिसमें बसी ख़ुश्बू ने,
साँस के साकिन होने का अजीब ज़िन्दा एहसास दिया
अनकहे जज़्बों और लफ़्ज़ों ने
ऐसी सूरत बनायी कि अपनी ख़ूबसूरती की
बाक़ी ज़रा-सी ख़ुशफ़हमी भी आँखों से ओझल हो गयी।
याद आया कि
दूर की झीलों में बसनेवाले के लिए परिन्दों के परों पर
जो नज़्म लिखी थी वो तो उसे कभी सुनायी ही नहीं।
बन्द कमरों में उतरनेवाले नये दिन और उसकी थका देनेवाली मुसाफ़त ने
ये तो याद ही नहीं रहने दिया,
कि मुझे रंगों के जुगनू और रौशनी की तितलियाँ
आवाज़ भी दिया करती थीं।
आज हाथों को उठाया और नज़र भरकर देखा
तो मालूम पड़ा
कि हथेलियों पर तितली के रंग क़िस्मत की लकीर में
दफ़्न हो गये हैं।
ख़ुशी से हँसी तो हँसी की झनझनाहट से
आँखों से हँसी तो हँसी की झनझनाहट से
आँखों में क़ैद रंगों के जुगनू

गालों की तरफ़ चल पड़े।
अपने सफ़ेद दुपट्टे को लहराया
तो मन-ही-मन सोचा लिया कि
तितलियों के पर तो वाक़ई ख़ूबसूरत होते हैं।
अपना मातमी औतार जब खलने लगा तो
एकदम क़िस्मत की खुरदुरी लकीर को खुरच के
उसपे रंगों की जुगनू सजा लिए
रौशनी की तितली जैसी सफ़ेद ओढ़नी
सर पर ओढ़कर खिड़की खोली तो गुमान हुआ
कि नया दिन तो वाक़ई नया-सा है।
खिड़की से आती हवा अब भी रंगों की ख़ुश्बू से मुअत्तर है
मुद्दत से चिमटी ख़्वाहिशों की ख़ुश्क पपड़ियों को होंठों से
नोचते हुए
गालों पे बहते बरसों पुराने अधूरे ख़्वाबों के
रंगीं जुगनुओं को आँचल में समेटकर
क़िस्मत की खुरची हुई लकीर से टपकती रंगीन हसरतों की
तितलियों से सफ़ेद आँचल को रंगा।
अपने ही माथे पर बोसा दिया और
मुद्दतों पास रहने वाले अजनबी एहसास को
दूर की झीलों से बुलाकर परिन्दों के परों पे
लिखी अपनी नज़्म सुना दी
जिसका उन्वान था 'कभी हम ख़ूबसूरत थे'।

दानी भाई! अँधेरा है

दानी भाई
गर तू बोले मैं तेरे कमरे की थोड़ी-सी तर्तीब बदल दूँ?
भाई जब से तूने से कमरा छोड़ा है
मैंने तब से तेरे बिस्तर की चादर नहीं बदली
उससे तेरी मद्धिम साँसों की ख़ुश्बू आती है
वो जो दम के पानीवाली बोतल थी ना!
जिसमें तूने फूँक-फूँककर साँस भरी थी
वो भी अब तक वहीं पड़ी है
स्टैण्ड पे लटकी तेरी ड्रिप की आख़िरी बोतल

अब तक उस पर लटक रही है
जिससे ज़िन्दगी क़त्रा-कत्रा टपक रही है
वो जो तेरा व्हाइटवाला तकिया था ना!
वो अब मैंने पास रखा है
उसको थाम के सोती हूँ तो
लगता है जैसे मेरे हाथों पर तेरा हाथ रखा है
भाई सर्दी भी तो आ गयी है ना!
अब मैं खिड़की पर पर्दा टाँगूँगी
खिड़की से बाहर वो अँधेरा
अब भी वहीं पर रुका हुआ है
दहाड़ता, चीख़ता, शोकता भी है
नाख़ूनों से तेरे मास को नोचनेवाला
सुर्ख़ आँखों से घूरनेवाला
तेरी मौत में शामिल-सा है
ये भी तेरा क़ातिल-सा है
मैंने सोच लिया है भाई
मैं इसकी दुनिया को रौशनदीप जलाकर भस्म करूँगी
मैं अब इसकी सुर्ख़ आँखों से नहीं डरूँगी
दानी भाई!
तेरी चादर पर बिखरे मैं तेरे सारे दर्द समेटूँ
ऑक्सीजन के सिलिण्डर पर लिपटी मैं तेरी सारी आहें लपेटूँ
तेरे कमरे को ख़ुश्बू से भरकर
मैं अपने प्यार की हिद्दत भर दूँ
बूँद-बूँद जो लहू पड़ा है, उस पर अपनी नब्ज़ें रखकर
तुझको फिर से ज़िन्दा कर दूँ
चीख़ते, शोकते अँधेरे को
दूर कहीं पर फेंक के आऊँ
मौत को पास बुलानेवाली मैं हर इक तर्कीब बदल दूँ
दानी भाई!
तू बोले तो मैं इस कमरे की थोड़ी तर्तीब बदल दूँ?

दसवाँ रोज़ा

जाने कितने साल हुए मैं रोज़ा रखकर भूल गयी हूँ

बोझल क़दमों से मैं अब तक
छत की सीढ़ियाँ उतर रही हूँ,
इक-इक सीढ़ी पर मैं जैसे
माहो-साल से गुज़र रही हूँ
सोच रही हूँ,
जल्दी से रोज़ा खोलूँ तो उनसे फिर मैं मिलने जाऊँ
उनका हाथ पकड़कर उनको ये बतलाऊँ
इतना लम्बा रोज़ा मैंने कैसे रक्खा
एक सदी से आस की मानिन्द,
उनसे मिलने की वो ख़्वाहिश,
प्यास की मानिन्द,
मेरी ज़बाँ से चिमट गयी है,
और अज़ाने-मग़रिब की इक उलझी साअत,
मेरी समाअत से कोई वहशी सायरन बनकर लिपट गयी है।
बेकल आँखें, भारी मन और ख़ुश्क लबों की काई
मुझसे पूछ रहे हैं
इतने साल गुज़ार के भी क्यूँ तुमको ये एहसास नहीं है?
आज भी क्यूँ लगता है जैसे तुमको कोई प्यास नहीं है
वक़्त के सारे गुज़रे लम्हे
होंठों से चिपकी काई को नोच रहे हैं
और मैं साकित बिन बोले बिन बात किये
मन-ही-मन से सोच रही हूँ
प्यारे अब्बू, आपकी रौशन पेशानी का चाँद दिखे तो
आपके सीने लगकर ये इतना लम्बा रोज़ा खोलूँ
आँखों से दो आँसू रो लूँ!

दिसम्बर आ गया है क्या?

यहाँ गोरीच* चलती है
तो जैसे रूह छिलती है
ज़मिस्ताँ आके रुकता है
तो इक-इक रोम दिखता है
तअज्जुब है मुझे पल-पल
कि अबके साल वादी में

हमारी शाल वादी में
सुनहरी धूप अब तक पर्वतों पर रक़्स करती है
अभी तक साँस की हिद्दत लबों को गर्म रखती है
रगों में ख़ून का दौरान अब तक है दुपहरों-सा
ख़िज़ाँ के ज़र्द चेह्रे पर शरारत अब भी बाक़ी है
अभी पत्तों ने अपने अतलसी जामे नहीं बदले
सिसकती और डरती शामें अब तक मुस्कुराती हैं
क्यूँ अब तक तितलियाँ फूलों पे आकर खिलखिलाती हैं
अभी नीलाहटें बादल के धोखे में नहीं आयीं
अभी तक नदियाँ कुहरे के क़ब्ज़े में नहीं आयीं
गुज़िश्ता सब महीनों को
यहाँ सारे मकीनों को
अजब ये फ़िक्र लाहक़ है
ये अपने सर्द लहजे में अभी तक क्यूँ नही बोला
ये उस बेदर्द लहजे में अभी तक क्यूँ नहीं बोला
दिसम्बर आ गया क्या?

* सर्दियों में बलूचिस्तान के इलाक़े में अफ़ग़ानिस्तान से आनेवाली अत्यन्त ठण्डी हवा

जीम-हे

रौशनी जो होती थी
जज़्बिया की आँखों में
बस इस उजाले से घर में दिन निकलता था
जब भी खिलखिलाता था
लाड से मेरा जज़्लान
उसकी मुस्कुराहट से साँस खुल के आती थी।
उस चमन के फूलों को
कौन अब ये बतलाये
उनके घर के आँगन में
मुस्तक़िल अँधेरा है
मौत जैसा सन्नाटा

आती-जाती साँसों के साथ लगके बैठा है
कौन इनको बतलाये
हमने ये बरस कैसे रौशनी के बिन काटा
एक-इक घड़ी हमने किस तरह गुज़ारी है
रोज़ ज़ख़्मी आँखों से इनके ख़्वाब देखे हैं
इनके नन्हें हाथों से अपने जलते सीनों की आग को बुझाया है
रोज़ो-शब ये माँगा है
रब से जब भी माँगा है
तू हमारे आँगन की रौशनी तो लौटा दे
जिससे रूह खुलती है वो हँसी तो लौटा दे
उसने सुन तो ली शायद
पर कहीं ज़मीनों के
आस्माँ के दफ़्तर में
फ़ैसले जो होते हैं
उसमें ऐसा लिक्खा है
'जीम' से जुड़े सारे
ख़्वाहिशों के रिश्तों पर
'हे' की हद से आगे तक
सिर्फ़ ज़ुल्म बसता है।

कल्पना

वहशतों के साहिल पर
ख़्वाहिशों के सब मौसम
मुन्तज़िर-से बैठे हैं
आँख के दरीचे पर
गर्द से अटा पर्दा
जाने कितनी मुद्दत से
एक पल नहीं झपका
जैसे अब कोई आहट
ख़ुश्बुओं का नम घोले
इस तरफ़ को आयेगी।

पाँचवाँ मौसम

जिस्म के जज़ीरे में
दिल की एक वादी है
जिसके पाँच मौसम हैं
पहले चार मौसम के
चन्द रोज़ ढलने पर
ख़ूब बर्फ़ पड़ती है
मुंजमिद जज़ीरे में
ज़ह्‌र बहने लगता है
ख़्वाब के बचे पुर्ज़े
आँख से बरसते हैं
मर्सिया सुनाते हैं
मुझको दिल की वादी तक
रास्ता नहीं मिलता!!

सस्ती नज़्म

कैसे मातम करूँ?
कैसे नौहे लिखूँ?
कैसे रूहों की चीख़ों से नज़्में बुनूँ?
जागती, बैन करती हवाओं से
जाकर लिपट जाऊँ क्या?
किरची-किरची ये ख़्वाबों के आज़ा जो बिखरे पड़े हैं
इन्हें देखकर फिर पलट जाऊँ क्या?
अपने इक़्दार से, क़ौलो-क़रार से पीछे हट जाऊँ क्या?
मुझको इक़्रार है
मैंने ख़्वाबों में बिछड़े ख़्वाब चेह्‌रे लिखे ही नहीं
मैंने हाथों में पकड़े किसी हाथ के ख़ौफ़ लिक्खे नहीं
मैंने आँखों से बहते लहू-रंग को लाल लिक्खा नहीं
मैंने अब तक किसी कोख-वीरानी का हाल लिक्खा नहीं
क्यूँ ये वहशी क़लम मेरे वज्दान में नज़्म बोता नहीं
मेरे इल्हाम से ये जो लिपटा हुआ ख़ौफ़ का अक्स है

क्यूँ ये सोता नहीं?
अब कोई हादसा हो भी जाये अगर तो भी होता नहीं
नज़्म लिक्खूँ मगर
अब मेरे शहर में नज़्म लिखने पे भी कोई रोता नहीं।

कुमैल रिज़वी

ईमेल - kumailhaider@rekhta.org
मोबाइल - 07290931894
पता - रेख़्ता फ़ाउण्डेशन, बी- 37, सेक्टर- 1
नोएडा- 201301

बेदारी

चलो उठो न! बहुत देर हो गयी जानाँ
सियाह शब की फ़सीलें सफ़ेद माह में हैं
उठो न जान... दरीचे महक उठे कब के
अज़ाने-इश्क़ हुए वक़्त हो गया काफ़ी
सहर के सारे परिन्दे चहक चुके कब के
अब आफ़ताबे-मुहब्बत भी कुछ उरूज पे है
नसीमे-सुब्ह के झोंके भी रह गये महरूम
तुम्हारी जुल्फ़ के अम्बर-सरिश्त कूचों से

उठो न जान शिगूफ़े तुम्हें पुकारते हैं
ख़ुमारे-ख़्वाब में कुछ डगमगा के चलते हैं
ज़रा-सा आओ न! खिड़की पे आँख मलते हुए
तुम्हारा कमरा ये कहता है मेरी जानिब से
मेरे लबों से तुम्हारी जबीं तलक हैं लकीर
वगरना एक ही बोसा था मेरा ख़्वाब-शिकन
उठो न जान! बहुत देर हो गयी शायद
तुम्हें वजूद में मक्तूब कर रहा हूँ मैं
ये लफ़्ज़-लफ़्ज़ जो आयतनुमा-से उतरे हैं
तुम्हारे नाम से मंसूब कर रहा हूँ मैं

उठो न! उठ के तबीअत में रंगतें भर दो
जो हो सके तो सदाओं पे दस्तख़त कर दो

हिसाब दें

सुनो न जानाँ!
क़रीब आओ
तुम्हारे माथे पे एक बोसे की आरज़ू है
अलग नहीं हम किसी भी सरहद के दरमियाँ
तुम्हारे ख़ूँ में मेरा लहू है
यही लहू तो वफ़ा के पहले निशान था
रंगे-मोतबर है
यह दुआ है, यही असर है
सुनो न जाना!
तुम्हारी आमद का मुन्तज़िर हूँ
हर एक धड़कन अज़ान देगी
तुम्हारी ज़ुल्फ़ों की रिसती बूँदों से जाने-मश्रब
मेरी मुहब्बत वज़ू करेगी
नमाज़े-इश्क़े-विसाल होगी

सुनो न जानाँ! जमीने-हिजरत है तंग मुझ पर
अब अपनी बाँहों की वुस्अतें दो
मैं रोज़े-हिज्राँ सितमरसीदा
गुदाज़ रातों की राहतें दो
ये पहली बारिश का एक क़तरा मेरे लबों पर
कई फ़सानों को रच रहा है
तुमे अपने होंठों से इसको अपनी पनाह में लो
तुम्हीं तो बिल्क़ीसे-आरज़ू हो
तुम अपनी उँगली से मेरे सीने पे खत लिखो अब
वो एक ख़त जो निगाहे-एहसास पढ़सके बस
तुम्हारा यूसुफ़ हूँ अय ज़ुलैख़ा
लगाओ क़ीमत मुझे ख़रीदो
सुनो न जानाँ। क़रीब आओ तो फ़ासलों का हिसाब दे दें।

वजूद की बेहिसी

कौन पहना के गया पा-ए-सबा में ज़ंजीर
क़तरा-ए-आब को पत्थर में किया ज़म किसने
बर्फ़पाशी का सबब आग पे आख़िर क्या है
मर्कज़े-ख़ाक में बिखराव हुआ है कैसे
वज्हे-पामालिए-अज्ज़ा-अनासिर क्या है
दफ़अतन आज ये महसूस हुआ है मुझको
मुझमें मफ़्क़ूद हुई चार परिन्दों की उड़ान

कुछ कहना है

तुम तो ये जानती हो तुमसे छुपाना क्या है
ये मुलाक़ात से पहले की जुदाई का है ज़िक्र
आज हम तुमसे बहरहाल बिछड़ जायेंगे
गुल से ख़ुश्बू की तरह सुब्ह से तारों की तरह
आज हम तुमसे बहुत दूर चले जायेंगे
शाम होते ही ज़मीनों से किरन की सूरत
आज हम तुमसे जुदाई की सनद माँगेंगे
अपनी हर शाख़ से जाते हुए फूलों की तरह
आज हम तुमसे उसी शान से रुख़्सत होंगे
जैसे गुलशन से गुज़रता है बहारों का जुलूस
आज हमको उसी दहलीज़ से जाना होगा
जिसपे हमने तुम्हें देखा था कई पर्दों में
ये परीशाँ से गेसू, ये ढलकते हुए अश्क
इन्हीं ज़ंजीरों से अब हमको सफ़र करना है
आख़िरी बार हमें देख लो अपनी हद में
हम तो साइल की उस आवाज़ की मानिन्द हैं दोस्त
गूँजती है जो कहीं गूँज के खो जाती है

मेरा गाँव

अय ग़मे-ज़िदगी!, अय रहे-आरज़ू!
गाँव प्यारा-सा था इस जहाँ में मेरा
शह्र की हलचलों में लरज़ते हुए
वों कहाँ खो गया
गाँव में झोपड़ी जो लबे-नह्र थी क्या हुई
अय ग़मे-ज़िन्दगी! अय रहे- आरज़ू
आज इतना बता मेरे एहसास से, मेरे जज़्बात से
मेरे गुज़रे हुए बेनवा रोज़ से
मेरी बीती हुई बेसदा रात से
अपनी कच्ची मुँडेरों पे बैठे हुए लोग क्या हो गये
जिनके साये में पक्के इरादे हुए
ज़िन्दगी के सलीक़े सिखाते थे जो
वो किधर चल दिये
कुछ बता तो सही
मेरे मिट्टी के चूल्हे कहाँ खो गये
जिस कुएँ ने हमें तिश्नालब ना रखा
कूड़े-करकट क्यों उसकी ग़िज़ा हो गये
बेनिशाँ वो हुआ
लज़्ज़ते-तिश्नगी बेमज़ा हो गयी

मेरे दरवाज़े कैथे का एक पेड़ था
ख़ुश्क किसके ग़मे-बेकसी में हुआ
अय ग़मे-ज़िन्दगी! अय रहे-आरज़ू

गाँववाले नहाते थे जिस हौज पर
हाँ, उसी हौज की
कितनी अनमोल रौनक़ थी, जिसको कहीं
वक़्त की गर्दिशों का धुँआ ले उड़ा
सारे लम्हे फ़लक के बराबर थे वो
जिसको गुमनाम कोई ज़मीं खा गयी
अय-ज़िन्दगी! अय रहे-आरज़ू!
अधकटे हाथ का एक पैग़ामबर

ख़त जो तक्सीम करता रहा उम्र भर
वो कहाँ खो गया
आम के बाग़ का था जो इक पासबाँ
ख़ेमाज़न क्यूँ अँधेरी ज़मीं पर हुआ
बाग़ उजड़ा है उसको बताता कोई
जिसको बाबा ने देखा था एक बीज में
अपनी कच्ची गली अपने कच्चे मकाँ
याद के आईने में झलकने लगे
उन्हीं कच्चे मकानों की दहलीज़ की गुमशुदा ख़ुश्बुओं
तुमको मेरा सलाम!

वो आ चुका था

अय आस्माने-मुनीबो-मुश्फ़िक़ के माहे-कामिल
मेरी ज़मीने-करमतलब पर
गुज़रते वक़्तों के शशजेहत में
हिजाज़ दिन के मदीना-ए-शब पे चाँदनी की रिदा नहीं थी
दरीचाहा-ए-नफ़स में फ़िरदौस नक़्शे-पा की हवा नहीं थी
मगर हुआ ये
उदास बोझल तबीयत बेमज़ा का हुदहुद
सबा-ए-आमद से उसकी आहट का ख़त लिये बिल्क़ीस शब से
समाअतों की सुलेमाँ मस्लक फ़सील पर आ चुका था
वो मेरी तिश्नालबी का हासिल
ज़माना-ए-सल्सबील पर आ चुका था

गीतांजलि राय

ईमेल - geetanjali.rai@live.in

सुब्हों जैसे लोग

सुब्हों जैसे लोग बहुत अच्छे लगते हैं ना!
लगता है कि बहुत अलग हैं बाक़ी लोगों से
लेकिन उम्मीदों के बायस वो लोग भी अक्सर एक
अरसे बाद किसी आम दिन की तरह ढलके
नाउम्मीदी की लम्बी रात बन जाते हैं.....

इनसे बेह्तर तो वो लोग होते हैं जो ख़ामोश शामों की तरह
उम्मीदें नहीं मगर सुकून ज़रूर देते हैं .....

तुम आये तो थे एक ख़ामोश शाम की तरह....
लेकिन उस रात के बाद मैंने तुममें एक सुब्ह देखनी शुरू कर दी थी,
जाने क्यूँ

शायद आज भी तुम एक ख़ामोश शाम ही हो....
ये तो मैं हूँ जो तुम में अपनी सुब्ह पाने की नाकाम कोशिश में हूँ।
क्यूँकि सुब्हों जैसे लोग बहुत अच्छे लगते हैं ना....

नदी

मैं नदी हूँ.... और मुझे फ़ख़्र है इस बात का कि मैं नदी हूँ
चलते रहना मेरी आदत है

अपने रास्ते ख़ुद बनाना आता है मुझे ....और अच्छा भी लगता है
मैं नहीं चाहती कि कोई एक दायरा खींच के बता दे मुझे
कि अब ताउम्र मुझे यहीं रहना है
एक छोटा-सा, गोल-सा महफ़ूज़ दायरा
जहाँ न मुझे पत्थरों से टकराना होगा
ना ही अपने वजूद को क़ायम रखने के लिए रोज़-रोज़ जंग लड़नी होगी
मेरा वजूद सिर्फ़ पानी से नहीं बना
मेरी आज़ादी, मेरी हिम्मत और मेरा जूनून
ये सब मिलके बनाते हैं मुझे और मालूम है मुझे
कि हर पलहर लम्हा मैं उस मंज़िलकी तरफ बढ़रही हूँ
जहाँ मौत को इंतज़ार है मेरा
फिर भी मैं धीरे नहीं चलना चाहती हूँ
बल्कि लम्हा-दर-लम्हा मेरी रफ़्तार बढ़ती जा रही है

तुम्हारे नाम आख़िरी नज़्म

तुम्हारे नाम आख़िरी नज़्म
सोचा था तवीलहोगी बहुत
ज़ाहिर है...
बहुत तसल्ली से कही जायेगी ना
लेकिन ये क्या
कि हर सफ़र की तरह ये सिलसिला भी
एक नयी शुरुआत पे आ के ख़त्म हो रहा है
और मैं जल्दी में हूँ
ज़िंदगी की तमाम कहानियाँ और किरदार मेरे इंतज़ार में हैं
ख़ैर..... तुम अपना ख़यालरखना
और ये भी याद रखना
कि तुम आज़ाद थे... हमेशा
तुम आज़ाद हो, हमेशा के लिए...

हक़

खो दिया था हक़ हमने

इस दुनिया में जीने का
उसी दिन
जब बंद किया था पहली बार किसी इंसान ने
घर का दरवाज़ा अंदर से
और सुनसान रात में बाहर छोड़ दिया था...
अकेला जंगल

एक नयी कहानी

रोज़ कहती हूँ तुमसे
कि 'एक नयी कहानी सुनाओ'
फिर बताती हूँ तुम्हें
किरदारों के नाम,
ज़रा-सा वक़्त दे के तुम्हें
ख़ुद ही बता देती हूँ
कि कहाँ, क्या मोड़ आने हैं
और ये भी
कि कब, कैसे ख़त्म होगी कहानी
फिर सुनना चाहती हूँ वही सब कुछ
तुम्हारी ज़ुबान से,
अजीब बात है।
कि इस सबके बाद भी मुझे नींद नहीं आती।
काश मैं कह पाती तुमसे कि
'एक नयी कहानी सुनाओ'
तुम बुनते सारा ताना-बाना
और मैं
बस कहानी सुनते-सुनते सो जाती...

तुम एक तस्वीर हो

पता है तुम मुझे इतने अच्छे क्यूँ लगते हो?
मुझे भी नहीं पता।
कभी-कभी लगता है तुम एक तस्वीर हो,
जो तमाम छोटी-छोटी तस्वीरों से मिलके बनी है।

छोटी-छोटी तस्वीरें...
दोस्तों की,
दीवानों की,
मोहब्बतों की,
बारिशों की,
बारिश में झूमते पेड़ों की,
पहाड़ों की,
स्कूलसे लौटते बच्चों की
और न जाने क्या-क्या...
रोज़ एक नयी तस्वीर मिलती है मुझे।
पता है कलक्या देखा मैंने
एक छोटी-सी तस्वीर... मेरे घर की

ख़्वाब

सुबह होनेवाली है
तुम्हारा ख़्वाब टूटनेवाला है
अब मेरे जाने का वक़्त हो गया है
जाने दो मुझे,
इससे पहले कि
तुम्हारी आँखें खुलें
और एक अधूरा ख़्वाब
तुम्हारी आँखों में रह जाये...
हमेशा के लिए।
मैं नहीं चाहती कि सारी उम्र
तुम एक ख़्वाब का पीछा करने में बिता दो
मेरी तरह.....

एक अरसे से

तुमको जब भी देखती हूँ
ज़ेहन सवालों से भर जाता है...
एक अरसे से रह रहे हो तुम

एक घर में,
जिसके बस नेम प्लेट पे तुम्हारा नाम है।
घर की बाक़ी चीज़ें.....
कुर्सी-टेबल,
सारे बर्तन,
बिस्तर पे बिछी चादर और सिरहाने लगी तकिया,
यहाँ तक कि आँगन से दिखनेवाला चाँद भी पराया है...
मेरे घर में तो बस एक परायी ख़ुश्बू आ गयी थी एक रोज़
और बेघर कर गयी मुझे... हमेशा के लिए।

लड़की

उसे मालूम है
कि वो लड़की है
लेकिन उसके घर का आइना तक हँसता है
उसके इस यक़ीन पे।
जब भी मिलती है
वो दिखाती है मुझे
अपने पैरों की उँगलियों पे लगे ख़ूबसूरत नेलपेंट
और मैं भी ऐसे ख़ुश हो जाती हूँ
जैसे मैं बस उसके नाज़ुक पैरों से पहचानती हूँ उसे
जैसे मैंने कभी देखा ही नहीं ....
उसका चेह्रा

किरायेदार

अरे आओ
बेफ़िक्र हो के आओ
मेरी ज़िंदगी में
घबराओ नहीं
कोई टूट-फूट नहीं होगी तुमसे
आओ तो
दरअस्लयहाँ कुछ बाक़ी ही नहीं टूटने को

यूँ भी कह सकते हो के कुछ बाक़ी ही नहीं
हाँ कुछ पुराने ख़्वाबों की किरचनें हैं
तुम्हारे आने तक साफ़ हो जायेंगी
उसके बाद जो होगा सब तुम्हारा ही होगा
जाते वक़्त जो कुछ सलामत बचे ले जाना
ख़्वाबों की किरचनें गर रह गयीं तुम्हारे बाद
तो समेट के रख देना मेरे होंठों पे
मुस्कानों में बाँध करके

ज़िया तुर्क

मोबाइल - +923330535891
पता - कैडेट कॉलेज, ग्राण्ड ट्रंक रोड
हसन अब्दाल (पंजाब), पाकिस्तान

ख़ुदनविश्त

मुझे जोहर की सूरत
कहकशाँओं, आस्मानों में
मुसल्सल गर्दिशों के जब्र को सहना पड़ा है
वो साअत .... जबकि ख़ुद ये लम्हए-मौजूद भी
मौहूम सूरत था
अभी पुरकारे-इम्काँ से
फ़क़त नुक़्तों ने ही तश्कील पायी थी

अभी अत्राफ़ की इन वुस्अतों में
बेजिहत क़ोसों के मिलने से
मुसल्सल दायरों के नक़्श होने का अमल जारी था
और कोई.......
ख़ुद अपने इर्तिक़ा के मरहलों में था
वो नख़्ले-ज़ात पर
क़रनों के मौसम बीतने पर
लिबासे-बर्गे-कुन ओढ़े हुए बारे-वजूद आना

मरवरे-वक़्त
वो अत्राफ़ की खुड्डी के तकलों पर
मेरे रेशों का तर्तीबआरा होना
ज़मानों तक.........

मेरा लम्हा-ब-लम्हा रेशों से तागों में बटना

वो तक्वीने - जहाँ के कारख़ाने में
ज़माँ की चर्ख़ियों पर मुज्तमा होगा
मेरी तख़्लीक़ का हर मरहला मेरी नज़र में है
मुझे मादूम के मौजूद हो जाने का मंज़र
याद है अब तक

ख़्वाब-गुज़श्त

जहाँ पानी में सतरंगे भँवर पड़ते हैं
लहरें साँस लेती हैं
जहाँ साहिल की ठण्डी रेत पर
कुछ सीपियाँ औंधी पड़ी हैं

नम हवाएँ, डूबते सूरज के पस-मंज़र में
रौशन आस्मानों से उतरती हैं
तो कुछ बीते हुए लम्हे
चराग़ों की तरह, आँखों में आकर ठहर जाते हैं

गुज़िश्ता रोज़ो-शब की आड़ से
मानूस-सी आवाज़ कोई
यक-ब-यक तज्सीम :
"हमें इक साथ रहना है
हमें इक साथ रहना है.......
सदा इक-दूसरे का हाथ थामे..... ख़्वाह कुछ भी हो......"
अचानक आईना गिरता है, गिरकर टूट जाता है।

बाज़याफ़्त

जहाँ कुछ धूप के ज़र्रे हैं
ख़ुदरौ झाड़ियाँ हैं
हरारत का तअय्युन;
जिस जगह सूरज नहीं करता

जहाँ– हर पेशो-पस, तख़्लीक़े-नौ का इस्तिआरा है
जहाँ-तारीकियों से कहकशाएँ ढाली जाती हैं
जहाँ– ज़र्रात से इज़्हार होता है
सितारों का........
ज़माने जिस जगह तर्तीब पाते हैं
जहाँ ये ज़िन्दगी
तक़्वीमे-माह-ओ-साल से बाहर है
लम्हे मोतबर हैं.........

जहाँ हर अक्स रौशन है
जहाँ आईनासाज़ी की कोई हाजत नहीं
तम्सालबीनी को जहाँ कूज़े में पानी डाल रखते हैं
जहाँ तग़य्युर मफ़्रूज़ा है
उम्रें मुंजमिद हैं
वहीं मैं हूँ, वहीं तुम हो.........

ज़मीं शक्लें बदलती है

ज़मीं शक्लें बदलती हैं
मकानों, खेत, खलियानों की सूरत
जंगलों, सहराओं, मेलों में कहीं इज़हार पाते
फैलते दरियाओं की सूरत
दरख़्तों, ख़ाकआलूदा फ़सीलों कें घिरे
बेसक़फ़ एहरामों की सूरत में
ज़मीं शक्लें बदलती हैं

परिन्दों और लफ़्ज़ों में छुपी जितनी भी आवाज़ें हैं
ख़ाकी हैं
दरख़्तों और दीवारों में रक्खी राहतों की
हर ख़ुशइम्कानी ज़मीनी है

पहाड़ों और एहरामों की पर्तें
मुन्हदम होने से कुछ पहले तड़ख़ती हैं
मुनक़्क़श बामो-दर में, कुहना तहज़ीबी मज़ाहिर में

कभी जब नक़रई मेहराबें गिरती हैं
तो तह-दर-तह बिछते रंगों में पिन्हाँ
अस्ल रंगत भी तो मिट्टी ही उगलती है
ज़मीं शक्लें बदलती है

अन्देशा- 1

सियाहख़ाना-ए-अय्याम में गुज़र करते
न जाने कितने जनम काट बैठा है ये दिल
ये दिल, जिसे किसी मौसम ने बारवर न किया
ये दिल, जिसे किसी ख़्वाहिश ने मोतबर न किया
सियाहख़ाना-ए-अय्याम में गुज़र करते

सियाहख़ाना-ए-अय्याम में गुज़र करते
नज़ारा देखा ही कब है कोई इन आँखों ने
ये आँखों, आईना जिनसे कभी नहीं बोला
ये आँखों, मैंने जिन्हें आज तक नहीं खोला
सियाहख़ाना-ए-अय्याम में गुज़र करते

अन्देशा- 2

कोई अन्देशा-सा है
कोई अन्देशा-सा है जिसके सबब
आँख बेदार रहा करती है
जिस्म चुपचाप पड़ा रहता है.......
कोई अन्देशा-सा है
कोई अन्देशा-सा है जिसके सबब
लोग अब घर से निकलते ही नहीं
बाग़ वीरान हुए जाते हैं
पेड़ ख़ुद अपनी ही छाँव से परेशान हुए जाते हैं
कोई अन्देशा-सा है.......

कोई अन्देशा-सा है

कोई अन्देशा-सा है जिसके सबब
धुन लगा जाता है फ़सीलों को मेरी
रोग-सा खा गया नस्लों को मेरी
सायबाँ मिलता नहीं गर्म दोपहरों में कोई
मर्दे-दरवेश नहीं अब मेरे शह्रों में कोई
कोई अन्देशा-सा है.......

तस्नीफ़ हैदर

ईमेल - adbiduniya@gmail.com
मोबाइल - 09540391666
पता - एफ- 11/46, चौथा तल, डीसेंट पब्लिक स्कूल के सामने, जोगाबाई एक्स्टेंशन, सर सैयद रोड के पास जामिआ नगर, नई दिल्ली- 110025

आकांक्षा के लिए एक नज़्म

दिलइक निगाह-ए-नाज़ का बीमार ही तो है
वो रौशनी बदन कोई दिलदार ही तो है
सब रंग, सारा नूर, हर इक ख़्वाब, हर सफ़र
जो वो नहीं तो अस्लमें बेकार ही तो है
आँखों में तैरती है कोई बर्क़-ए-तेज़ रौ
चेह्रा, ख़ुदा का आख़िरी दीदार ही तो है
ज़ुल्फ़ों में जागती हैं बला की सियाहियाँ
वैसे वो ज़ुल्फ़, शब की अलमदार ही तो है
उसके बदन में जाग रहा है हवा का रक़्स
वो ख़ुशख़िराम, नब्ज़ की रफ़्तार ही तो है
क्यूँकर न उसपे उम्र गँवा दीजिये कि दिल
हर लम्हा उसपे मरने को तैयार ही तो है

ख़ौफ़

मुझे अब तक सबसे ज़ियादा डराते थे
सड़क पर गुर्राते हुए जानवर
लजलजी जिल्दवाले कीड़े
एक ही अंदाज़ में घूरती हुई पाँच पाऊँलियाँ
दीवार पर साये बनाती हुई आसेबी बेलें
झिड़कियाँ
नज़र-अंदाज़ किये जानेवाला वक़्त
क़र्ज़ वसूलकरनेवालों की फुंकार

किसी औरत को मुत्मइन न कर पाने की शर्म

मगर अब मुझे डराता है एक इंकार
जिसने बाब-ए-पैदाइश और बाब-ए-फ़ना के दरमियान
घने काले और चिकने बालों का लबादा ओढ़ा हुआ है
जिसके होंठ सुर्ख़ भी हैं, दबीज़ भी
गर्दन शफ़्फ़ाफ़ और आँखें पुरसुकून हैं
जिसके साथ दिन भर चलते हैं टूटे-फूटे ख़याल
पर शिकस्ता लफ़्ज़
और
मेरी बे-ऐतमाद उम्मीद

रात इक शह्र है

रात इक शह्र है
जिसपे सरमायादारों का क़ब्ज़ा नहीं
जिसमें सौदागरों की तिजारत नहीं
रात की राह में म्यूज़िक के क़दम
जैसे तारों के जिस्मों में बिजली की रूह
ख़ून के दायरों में सियाही का शक
रौशनियों के जामे पे गर्मी का रंग
थाप से गूँज का एक लम्बा सफ़र
रात के शह्र में
कोई मुल्की नहीं, कुछ मक़ामी नहीं
कुछ नहीं आरिज़ी, कुछ दवामी नहीं
रात के शह्र में, रात का गीत है
नींद का रक़्स है
और तेरे तसव्वुर की परछाइयाँ

इस बात से उदास था

मैं इस बात से उदास था
कि लोग मेरे बारे में कराहत से
सोचते हैं

वो मुझे एक क़र्ज़दार
ग़ैरज़िम्मेदार
आरामतलब, अय्याश या फ़ुह्शगो इंसान
समझते हैं
मैंने अपनी मुँहदेखी इज़्ज़तें
बग़लमें दबायी
भेस बदला और उनके दरमियान चला गया।
मुझे ये देखकर हैरत हुई
कि वो उन लोगों के बारे में भी
पीठ पीछे ऐसी ही करीह राय रखते थे
जिन्हें क़र्ज़दार
ग़ैरज़िम्मेदार
अय्याश या फ़ुह्शगो नहीं कहा जा सकता

अब दोस्त नहीं बनाता

अब मैं दोस्त नहीं बनाता
खुले हुए दुश्मन पालता हूँ
सुनहरी या सुरमई लकीर पीठ से चिपकाये
दो सियाह और तवीलगीत लिए
ऐंड़ते या तिलमिलाते
शानों की हड्डियों पर बिठाये हुए बे-नियाज़ी के परिन्द
पिंडलियों के तारों में ज़िंदा बर्क़ दौड़ाते
मुझ पर हँसते हुए, मेरी भद्दी हसरतों
की कतरनों को देखकर उबकाइयाँ लेते हुए
या फिर मेरी इस हालत पर अफ़सोस करनेवाले
ज़िल्लतों की देवियों से
मुझे वापस माँगनेवाले हाथ
मैंने अभी क्या फ़रमाया
सब मेरे दुश्मन हैं

ख़ुदकुशी

ख़ुदकुशी हराम नहीं
बल्कि मौत को पालने पोसनेवालों का
उस पर मुकम्मलईमान है
जिस्म के कचरा-घरों में
सड़ती हुई ख़्वाहिशों की लाशें
हड्डियाँ उगलता हुआ मुतअफ़्फ़िन गोश्त
भभके छोड़ती हुई हरारत
टोपियों में दफ़नायी हुई अक़्ल
दाढ़ियों से झाँकती हुई सत्र
घिघियाती हुई जवान लड़कियों का ख़ौफ़
बिसूरते हुए बच्चों का निकलता हुआ पेशाब
तोंद झुलाती पाकबाज़ औरतों की कसी हुई छातियाँ
शर्मगाहों पर लटके हुए बड़े-बड़े ताले
और उनकी नक़्ली चाबियाँ तैयार करनेवाले मौलवी
तारीख़ के व्यापारी और मुर्दों के पुजारी
चिल्ले काटती हुई सफ़ेदपोश लाशें
मौत की तैयारी के आहनी इंजेक्शन लिए हुए
फटी हुई आस्तीनें
ख़ून-आलूद तहवार
शहीद हो जाने की जल्दबाज़ी और
मायूसी पर कुफ़्र की एक मज़हकाख़ेज़ मुह्र
ख़ुदकुशी हराम नहीं
बल्कि ईमान की पहली शर्त है

रात गुज़ार ली

मैंने अपनी रात गुज़ार ली है
आतिशीं लफ़्ज़ों पर चलकर
धारदार जुम्लों को पढ़कर
आँखें धुआँ करके
होंठ सुखाकर, वक़्त लगाकर

मैंने अपनी रात गुज़ार ली है
कमरे में गश्त लगाते
की-बोर्ड पर उँगलियाँ घिसते
ज़ोर-ज़ोर से नस्री नज़्में पढ़ते
गिरती हुई दीवारों से
पीठ टिकाकर

मैंने अपनी रात गुज़ार ली है
समंदरों में डूबकर
आबदोज़ों में छुपकर
मछलियों को देखकर
तेज़ी से हाथ हिलाकर
पाँव चलाकर

एक उदास लड़की को सोचकर

लोहे की ठंडी जाली पर किसने अपने होंठ रखे हैं
बाहर बादलघिरे हुए हैं
सामनेवाले टैरेस पर हल्के-हल्के गढ्ढों में
मैला पानी है
इक बिल्ली, इस ठंडी धरती पर
बैठी है, ऊँघ रही है
और नीचे के रहनेवाले
मौसम के इस सर्द उजाले से महरूम
झगड़ों, कामों, गुस्सों और ग़म में मस्रूफ़
कैसे समझें
उसके नर्म गुलाबी पत्तों की लपटें कैसी होंगी
उसकी गर्दन पर बहनेवाली बूँदें कैसी होंगी
चाँदी जैसी आँखों में पारे जैसी नन्ही तितली
चमक-चमककर देख रही होगी बिजली के धारों को
गर्म हथेली छूनेवाली होगी चाँद-सितारों को
लेकिन इस तस्वीर से क्या मतलब है इन बेचारों को
बीमारों को
सब्ज़ नज़र जो मौसम के हालात हरे कर देती है

फूलगुलाबी कर देती है, पात हरे कर देती है
होंठ जो माथे की तख़्ती पर इक अफ़्सूँ लिख देते हैं
हाथ जो फ़िक्रों की गर्मी पर हर्फ़-ए-सुकूँ लिख देते हैं
काली साड़ी का इक लहरा ऐसे जिस्म से चिपटा है
जैसे कोई इच्छाधारी नाग बदन से लिपटा है
ठंडी जाली, होंठों की गर्मी से पिघली जाती है
दफ़्तर जानेवालों की दुनिया लेकिन वैसी ही है

सबाएँ

सबाएँ सलामत कि है जिनके दम से
मेरी रूह के तार में जगमगाहट
ख़लिश के तमद्दुन में है ताबनाकी
मोहब्बत की तहज़ीब में है बग़ावत
सबाएँ सलामत कि जिनको न सहरा
न सरहद की हाजत, न खोने का ग़म
और न पाने की हसरत, सबाएँ
इधर गुनगुनाएँ, उधर गीत गायें
सदाओं के सारे बखेड़े मिटाकर
न लफ़्ज़ों के झंझट, न हर्फ़ों के पैकर
कहीं दूर होंठों के मिज़राब पर
गा रही है उदास और बोझलजवानी
उधर, उस तरफ़ बेलचढ़ती हुई
एक दीवार पर, सब्ज़ साँपों की रानी
घरौंदे उजड़ने की हर हौलनाकी
के आगे है मौजूद दो नर्म हाथों
की ठंडी कहानी, मगर देखने की
कहाँ शोला बरदाज़ आँखों को फ़ुरसत
सबाएँ, हवाएँ, फ़िज़ाएँ सलामत

पतंगों को सब रौशनियों से आज़ाद करती हुई इल्तिज़ाएँ सलामत
दिमागों को दिलआबनूसों से बेदाग़ करती हुई सब दुआएँ सलामत
सबाएँ सलामत,

सबाएँ सलामत कि शायर हमेशा इन्हें देखकर
ख़्वाब लिखता रहेगा, बनाता रहेगा नये-से-नये नक़्श और गीत
होंठों पे लाता रहेगा
सबाओं के सीने में रखता रहेगा
तमाशे बदन के, उन्हें यूँ ही महसूस करता रहेगा
बिखरते रहेंगे सबाओं से गेसू मगर इश्क़ यूँ ही
सँवरता रहेगा

तारिक़ क़मर

ईमेल - tariqamaretv@gmail.com
मोबाइल - 09335915058
पता - ब्युरो चीफ़, ई.टी.वी. उर्दू, 12 ए/ 1 मॉल एवेन्यू, लखनऊ (उ. प्र.)

हिजरतों की ज़मीन पर

मेरी हिजरतों की ज़मीन पर तेरी चाहतों से लिखा हुआ
तेरा एक ख़त मेरे पास है वो मुहब्बतों से लिखा हुआ
थी वो फ़ासलों की तपिश अजब मेरे हौसले भी पिघल गये
जहाँ सोज़े-हिज्र का ज़िक्र है वहीं कोई आँसू गिरा हुआ
वहीं एक तिश्ना-सी आरज़ू कभी क़र्ज़ जिसका अदा न हुआ
पसे-हर्फ़ शिकवे हजार हों सरे-लफ़्ज़ कोई गिला न हो
तेरी आरज़ू, तेरी ख़्वाहिशों का कोई हिसाब न लिख सका
मैं सरापा ख़ुद ही सवाल था सो कोई जवाब न लिख सका
कोई ऐसा ख़त मुझे भेज फिर
जो समझ सके, मेरे रतजगों की ज़बान को
मेरी लग़्ज़िशों की थकान को,
मेरी बेबसी के बयान को
तुझे क्या पता तुझे क्या ख़बर
मेरे बेख़बर
कभी रोशनाई में ढल गया, कभी बह गया मेरी आँख से
वही एक दर्द जिसे कभी मेरे लब बयान न कर सके

गेसुओं में बँधी बारिश

एक मुद्दत हुई सोचते-सोचते
तुमसे कहना है कुछ पर मैं कैसे कहूँ
आरज़ू है मुझे ऐसे अल्फ़ाज़ की

जो किसी ने किसी से कहे ही न हों
सोचता हूँ कि मौजे-सबा के सुबुक पाँव में कोई पाज़ेब ही डाल दूँ

चाहतों की इन तितलियों के परों में धनक बाँध दूँ
सुरमई शाम के गेसुओं में बँधी बारिशें खोल दूँ,
ख़ुश्बुएँ घोल दूँ

फूल के सुर्ख़ होंठों पे अफ़्शाँ रखूँ
ख़्वाब की माँग में नूर-सिन्दूर की कहकशाँ खींच दूँ
इक तख़य्युल की बेरब्तियों को तसल्सुल की ज़ंजीर दूँ
ख़्वाब को जिस्म दूँ, जिस्म को इस्म दूँ
कोई ताबीर दूँ, एक तस्वीर दूँ
और तस्वीर को रू-ब-रू रख के इक हर्फ़े-तौक़ीर दूँ
क्या कहूँ– ये कहूँ– यूँ कहूँ ...... पर मैं कैसे कहूँ
जितने अल्फ़ाज़ हैं सब कहे जा चुके, सब सुने जा चुके
तिश्ना इज़्हार को, मोतबर-सा कोई अब सहारा मिले
इक किनाया मिले, एक इशारा मिले
ख़ूबसूरत अनोखी अलामत मिले,
अनकहा-अनसुना इस्तिआरा मिले
आरज़ू है मुझे ऐसे अल्फ़ाज़ की
जुस्तजू है मुझे ऐसे अल्फ़ाज़ की
जिनसे पत्थर को पानी किया जा सके
ख़्वाब को इक हक़ीक़त किया जा सके
एक ज़िन्दा कहानी किया जा सके।

सदाएँ देती है आदमीयत

हमें बताओ
कि बेगुनाहों का ख़ून कब तक बहेगा आख़िर
कहाँ तलक हम सहेंगे ज़ोरो-सितम तुम्हारे
ख़मोश क्यूँ हैं?
लहू में डूबे क़लम तुम्हारे
सितम के ऐवान में सोनेवालो!
सदाएँ देती है आदमीयत

कहाँ गयी वो तुम्हारी ग़ैरत

वही हमीयत
वही शराफ़त, तुम्हारी हिकमत
जो हर नफ़स को पयाम देती थी ज़िन्दगी का
जो इस्तिआरा थी रौशनी का
जो इक सहारा थी बेबसी का
जो इक इशारा थी आगही का
सुनो!
अगर ये सितम तुम्हारे न ख़त्म होंगे
तो जाहो-हश्मत नहीं रहेगी
ये शानो-शौकत नहीं रहेगी
ये बादशाहत नहीं रहेगी

यक़ीन ख़ुदा है

न मस्जिदों में, न मन्दिरों में
न मैम्बरों पर, न सीढ़ियों पर
न गंगा-जमुना के साहिलों पर
कहीं भी उसका पता नहीं है
ख़ुदा नहीं है

अगर ख़ुदा है तो ज़िन्दगी की तरसती आँखों में
बेयक़ीनी के ख़्वाब क्यूँ हैं
मुहाज़िरीने-वफ़ा के क़दमों से क्यूँ लिपटती है बेज़मीनी
मुसाफ़िरीने-ख़ुदा के हक़ में इताब क्यूँ हैं, अज़ाब क्यूँ हैं
अगर खुदा है तो आदमी के लहू का सैलाब क्यूँ रवाँ है
अगर खुदा है तो सामो-कूफ़े में क्यूँ असीरों का कारवाँ है
अगर ख़ुदाँ है तो दस्ते-शफ़्फ़ाक तितलियाँ क्यूँ मसल रहे हैं
अगर ख़ुदा है तो क्यूँ ये जुगनू सियह-ज़मीरी की मुट्ठियों में मचल रहे हैं
अगर ख़ुदा है तो हक़परस्तों के हक़ में ज़ंजीर किसलिए है
अगर ख़ुदा है तो क़ैदख़ाने में एक बच्ची की फ़ुग़ाने-शबगीर किसलिए है

अगर ख़ुदा है तो फिर ये ताबीर ख़्वाब क्यूँ
हज़ारों शमरो-यज़ीद अब तक हमें ही क्यूँ प्यासा मारते हैं
लहू के चढ़ते हुए समन्दर ये किस ख़ुदा को पुकारते हैं
मगर ख़ुदा है
मगर ख़ुदा है वो एक लम्हा जो अक़्लो-दानिश से मारवा है
जिसे समझने की जुस्तजू में ज़माना सदियाँ लगा चुका है
वो एक आँसू जो ज़ुल्मतों का जवाब बनकर,
किसी की आँखों से गिर पड़ा है
वो एक जज़्बा जो ज़ेरे-ख़ंजर बशक्ले-सज्दा
अदा हुआ है
बता रहा है
कहीं ख़ुदा है
यहीं ख़ुदा है
यक़ीं ख़ुदा है
है फ़र्क़ इतना कि आज इंसान
अपने अन्दर की, अपने बाहर की करबलाओं से मुनहरिफ़ है
वगरना सच है वो एक लम्हा जो हमसे एहसास माँगता है
वही ख़ुदा है।

त्रिपुरारि

ईमेल - beingtripurari@gmail.com
मोबाइल - 07710982811
पता - 5-बी-403, न्यू म्हाडा कॉम्प्लेक्स, जनकल्याण नगर, मलाड वेस्ट मुम्बई- 95 (महाराष्ट्र)

ज़ेह्‌न

ये दावा है
जहाँ में चंद लोगों का
कि हमने ज़िंदगी को जीत रक्खा है
हमारे पास यानी एटमी हथियार हैं इतने
हमारा दोस्त नन्हा एलीयन भी है
करोड़ों साल की तारीख़ को अब जानते हैं हम
कि हमने मौत पर अब फ़त्ह पा ली है
प्लेनेट मार्स पर पानी भी ढूँढ़ा है
ये सब कहते हुए अक्सर
वो शायद भूल जाते हैं
अभी इक चीज़ बाक़ी है कि जो अनमैप्ड है अब तक
जिसे हम ज़ेह्‌न कहते हैं
हमारे साइंसदानों ने भी माना है
कि अब तक कुछ ही हिस्सा ज़ेह्‌न का
हम जान पाये हैं
बहुत कुछ है जिसे अब भी हमें डीकोड करना है
मैं अक्सर सोचता हूँ
सोचकर हैरान होता हूँ
फ़क़त कुछ ग्राम के इस ज़ेह्‌न से ये सारी हलचल है
सितारे, चाँद, सूरज, तितलियाँ, जुगनू भरी रातें
ये सारा आर्ट और उस आर्ट पर तन्क़ीद, जो कुछ है
किताबों से भरी हर लाइब्रेरी
और इंसानों के दिल में बढ़रही दूरी

कहीं नाराज़गी आँखों में भरकर ख़ुद में ही घुटना
कहीं पर भूख, बीमारी या पॉलिटिक्स की पॉवर
ये एफ़.बी. और ट्विटर पर जो जारी हैं सभी बहसें
और इंस्टाग्राम पर हर पल की तस्वीरें
ये दुनिया भर की फ़िल्में और फ़ेस्टिवल
ये मेरे सामने बैठे हुए फूलों से नाज़ुक लोग
मेरे होंठों से एक-इक नज़्म का यूँ टूटते रहना
फ़क़त कुछ ग्राम के इस ज़ेह्न से ही सारी हलचल है
निगाहें मोड़कर ये देखना मेरा
तुम्हारा मुस्कुराना भी
फ़लक को देखकर यूँ रूठ जाना भी
कि अपनी ज़िंदगी में रौशनी के नाम पर
कुछ भी नहीं है
और ये क्या खेल है
जिसमें महज़ मातें-ही-मातें हैं
महज़ घातें-ही-घातें हैं
मगर ये दुख जो हमको रात-दिन महसूस होता है
हमारे ज़ेह्न से उठता घुआँ है बस
अगर हम ग़ौर से देखें तो बहुत-से राज़ खुलते हैं
कि मैं तुमसे अगर कहता हूँ—
'तुमसे इश्क़ करता हूँ'
तो ये सुनकर तुम्हारी साँस की लय तेज़ चलती है
यही अन्फ़ास का परदा
जो उठता है
जो गिरता है
इसी अन्फ़ास के परदे के पीछे से
हमारा ज़ेह्न सबकुछ देखता है
सोचता है बात करता है
सदी से बंद दरवाज़ों के पीछे से
कोई आवाज़ आती है
हमें लगता है ये सबकुछ हमीं तो कर रहे हैं
पर हक़ीक़त और ही कुछ है
हमें मालूम करना है
कि जलते ज़ेह्न के जंगल का राजा कौन है आख़िर

हमें मालूम करना है
हमारे ज़ेह्न में छुपकर इशारे कौन करता है
ये किसके हुक्म पर हम रोज़ मरते और जीते हैं
ये किसके वास्ते हम ज़िंदगी का ज़ह्र पीते हैं

उर्मिला

ये रामायण
जो हिन्दुस्तान की रग-रग में शामिल है
जिसे इक वाल्मीकि नाम के शायर ने लिक्खा था
बहुत ही ख़ूबसूरत एक एपिक है
फ़साना-दर-फ़साना बात कोई मुंजमिद है
इमोशन क़ैद हैं लाखों तरह के
कई किरदार हैं जो साहबे-किरदार लगते हैं
मगर इक बात है
जो मुद्दतों से मुझको खलती है
कि अफ़्साने में
सबके दर्द-ओ-ग़म का ज़िक्र मिलता है
मगर
वो एक लड़की
फूल से भी सौ गुणा नाज़ुक
जो सीता की बहन थी
और जिसकी माँग में सिंदूर भरते वक़्त ही
श्री राम के भाई लखन ने
आग की मौजूदगी में ये कहा था—
'मैं तुमसे ज़िंदगी भर इश्क़ फ़रमाया करूँगा
और साये की तरह से साथ ही हरदम रहूँगा'
जो लड़की एक पल में
सात जन्मों के लिए बीवी, लखन की हो गयी थी
वही लड़की
जिसे सब उर्मिला कहकर बुलाते थे
जो अपने बाप के सीने से लगकर वक़्ते-रुख़्सत ख़ूब रोयी
उसके अश्कों से
फ़साने का कोई हिस्सा कहीं भीगा नहीं है

और उसके दर्द की कोई निशानी तक नहीं मिलती
मगर सच है
कि रामायण में वैसा ग़मज़दा किरदार कोई भी नहीं मिलता
मैं उस किरदार से ख़ासा मुतास्सिर हूँ
कि जब चौदह बरस के वास्ते श्रीराम को बनवास जाना था
आमादा थे लखन भी भाई की सेवा में जाने को
ज़रा-सा भी नहीं सोचा
कि जिस लड़की से पूरी ज़िंदगी का रब्त जोड़ा है
कि जिसने ख़ूबसूरत नैन में कुछ ख़्वाब बोये हैं
उसे किसके सहारे छोड़कर वो जा रहे हैं
मगर वो उर्मिला को छोड़कर भाई के पीछे चल पड़े
कोई तड़पती आरज़ू-सी
उर्मिला के होंठ से गिरकर
कई टुकड़ों में नीचे फ़र्श पर बिखरी हुई थी
ज़ोर से आवाज़ नन्हीं फड़फड़ायी
और ज़ख़्मी हो गया था प्यार का वो एक दामन
जो कभी फूलों की ख़ुश्बू में भिगोया था
महज़ काँटे-ही-काँटे हर तरफ़ थे
इक इमारत बनने से पहले ही टूटी थी
तो यानी उर्मिला चौदह बरस तक
ख़ल्वतों के मौसमों से रोज़ लड़ती थी
सहेली साथ थी
लेकिन सभी ख़ुशियों को वो इग्नोर करती थी
तमन्नाएँ अगर बादल की तरह घिरने लगती थीं
तमन्नाओं की बारिश में नहाने से वो बचती थी
चुरा लेती थी वो आँखें
अगर ग़लती से कोई आईना तारीफ़ कर देता
हवाएँ जिस्म में उसके अगर सिहरन जगा देतीं
तो ख़ुद को अपनी ही बाँहों में भरकर
ख़ुद से ये कहती–
लखन आयेंगे जल्दी मान भी जाओ बहारों
और सो जाओ सितारों तुम
कि मुझको रात-दिन जगने की आदत हो गयी है
और मुहब्बत के लिए ये उम्र की दौलत पड़ी है

मगर जब ख़्वाहिशों के बाँध अक्सर टूटते होंगे
तो फिर सैलाब में
क्या-क्या न बहकर खो गया होगा
हज़ारों अधखिले अरमान भी मुरझा गये होंगे
तबस्सुम ने
किसी पल डस लिया होगा लबों को गर
तो सारा ज़हर मौक़ा देखकर
उसके बदन में रक़्स करता फिर रहा होगा
कभी कोयल की काली कूक गर कानों में पहुँची हो
तो शिरयानों में बहता ख़ून सारा जम गया होगा
पराये मर्द का कोई तसव्वुर छूने से पहले
वो लड़की डर गयी होगी
अचानक मर गयी होगी

जेंडर इक्वलिटी

जिसे भी देखिए
वो अपने हक़ की बात करता है
ये कहते हैं सभी लड़के
उन्हें अब अपनी मर्ज़ी से ख़ुशी और दुख भी चुनने हैं
ये कहती हैं हमेशा लड़कियाँ
पढ़ने-पहनने-घूमने की च्वाइस उनकी है
मुझे ये बात बिल्कुल ठीक लगती है
मगर अब सोचना होगा
कि लड़का और लड़की से परे
जो तीसरा है
वो जो गलियों में कभी नुक्कड़ पे
सबके सामने अपनी हथेली पर
महज़ सिक्कों की ख़ातिर मुंतज़िर है
वो ही जो सबके घर में
ख़ुशनुमा लम्हों के आते ही बधाई देने जाता है
जिसे किन्नर
जिसे हिजड़ा बुलाकर लोग सारे हँसते रहते हैं
अगर उसको नहीं मिलता है कोई हक़

तो ये समझो
कि जेंडर और इक्वलिटी पे
चर्चा का कोई मतलब नहीं है
ये मेरी इल्तिज़ा है
कि वो जो तीसरा है
उसे भी हक़ मिले
जो एक लड़का या किसी लड़की को हासिल हो
उसे इज़्ज़त मिले
जिसमें सभी का प्यार शामिल हो!

किसान

ये ज़ाहिर है कि अँधेरा यहाँ बेख़ौफ़ फैला है
किसी बेनाम चौखट पर उजाले सिर पटकते हैं
मगर उम्मीद से रौशन हैं अब भी मुंतज़िर आँखें
मगर मायूस चेहरे हैं कि अब भी राह तकते हैं
उन्हें मालूम है कि रौशनी इक रोज़ आयेगी
दुखों के दौर में भी इसलिए वो मुस्कुराते हैं
वो अपनी उम्र बोते हैं सदी से बाँझ धरती में
हमारे वास्ते वो ज़िंदगी हर पल उगाते हैं
कभी जब पानियों में उनकी मेह्नत डूब जाती है
तो अपने आप को हर तरह से वो मोड़ देते हैं
कभी जब आसमानों से मुसल्सल दुख टपकता है
वो अपने हौसलों की छतरियों को ओढ़लेते हैं
मगर ये वक़्त कैसा है वो सारे बेसहारे हैं
कि उनके सामने अब ख़ुदकुशी ही राह बचती है
हुकूमत सो रही है आँख पर पट्टी लगाये और
यहाँ हर चीज़ महँगी और सस्ती जान बिकती है
ये सच है उनके दम से ज़िंदगी त्योहार लगती है
कोई माने-न-माने रोज़ होली-तीज हैं वो लोग
उन्हीं के दम से तो सारी ज़मीनें भी सुहागन हैं
पकी फ़स्लें छुपाये ख़ुद में ज़िंदा बीज हैं वो लोग

सियाह सूरज

कभी तो ग़ौर से देखो तुम अपने चेह्रे को
तुम्हारा चेह्रा तो उस कहकशाँ की सूरत है
जिसे साइंसदाँ कहते हैं आज 'मिल्की-वे'
तुम्हारे होंठ के ऊपर जो एक नुक़्ता है
वो कोई तिल नहीं है इक सियाह सूरज है
कि जो ठहरा हुआ है मुद्दतों से मरकज़ पर
इसी के गिर्द में फिरते हैं जितने हैं प्लेनेट
अगर तुम ग़ौर से सोचो तो ये भी पाओगी
कि मेरा दिल भी तो उस कहकशाँ का हिस्सा है
भटकता फिर रहा है तिल के आसपास कहीं
इसी उम्मीद में मिल जायेगी पनाह कभी
नज़र में बाँधकर वो इंतज़ार के मौसम
हमेशा दर्द के गीतों को गुनगुनाते हुए
दुखों के दौर में भी रोज़ मुस्कुराते हुए
वो चलता रहता है अपनी ही धुन में मस्ती में
उसे मालूम है किस 'ऑरबिट' पे चलना है
कि इक दिन जज़्ब हो जाये सियाह सूरज में

आज़ादी

ज़ुबाँ तुम काट लो या फिर लगा दो होंठ पर ताले
मेरी आवाज़ पर कोई भी पहरा हो नहीं सकता
मुझे तुम बंद कर दो तीरगी में या सलाख़ों में
परिन्दा सोच का लेकिन ये ठहरा हो नहीं सकता
अगर तुम फूँककर सूरज बुझा दोगे तो सुन लो फिर
जलाकर ये ज़ेह्न अपना उजाला छाँट लूँगा मैं
सियाही ख़त्म होएगी क़लम जब टूट जाएगी
तो अपने ख़ून में उँगली डुबाकर सच लिखूँगा मैं

दिनेश नायडू

ईमेल - dinesh.bhilai@gmail.com
मोबाइल - 09769070003
पता - फ्लैट 105, साई भक्ति अपार्टमेंट,
प्लॉट नं.- 129 ए, सेक्टर- 13,
खारघर, नवी मुम्बई (महाराष्ट्र)

1

मेरे ख़ामोश साथी
मरे ख़ामोश साथी अब अपनी आँखें खोलो
मेरी आँखों में देखो, मेरी बातें सुनो तुम
ये कैसा मौन तुमने बसा रक्खा है ख़ुद में
मुझे आवाज़ तो दो, कोई तो बात छेड़ो
चलो अब जाग जाओ, उठो इस नींद से तुम
अभी तुमने जहाँ में नहीं देखा है कुछ भी
बहारों को अभी तक नहीं जाना है तुमने
कई फूलों के मौसम तुम्हारे मुंतज़िर है
अभी सुबह की किरने नहीं देखी है तुमने
अभी तपना है तुमको, तुम्हें होना है सोना
अभी बारिश का मौसम नहीं गुज़रा है साथी
तुम्हें फिर भीगना है दुबारा ज़िंदगी में
मिरे हाथों को थामो, करो मुझ पर भरोसा
निकल आओगे बाहर तुम इन गहराइयों से
तुम अपनी दिल की बातें चलो मुझको सुनाओ
तुम्हें क्या ग़म है प्यारे बताओ मुझसे बोलो
मुझे आँसू दो अपने, मुझे हर ज़ख़्म दे दो,
मुझे ख़ामोशियाँ दो, मुझे नाकामियाँ दो
नहीं छोडूँगा तुमको कभी भी मैं अकेला
मेरे ख़ामोश साथी मुझे आवाज़ तो दो
यहीं हूँ मैं यहीं हूँ, कोई तो बात छेड़ो
मुझे मालूम है तुम बहुत टूटे हुए हो

समय की रेत तुमको निगलती जा रही है
तुम्हें ख़ुद पर नहीं है ज़रा-सा भी भरोसा
मगर मुझको पता है अभी साँसें हैं तुममें
तुम्हारी नब्ज़ अब भी मुसल्सल चल रही है
अभी तुम जी रहे हो, अभी तुम जी रहे हो
मेरी आवाज़ को तुम अभी भी सुन रहे हो
तुम्हें मालूम होगा मैं तुमको जानता हूँ
तुम्हें मालूम होगा तुम्हारे लौटने से
मेरी वीरान दुनिया दुबारा जी उठेगी
तुम्हें मालूम होगा मेरे ख़ामोश साथी
तुम्हारी ज़िंदगी पर अभी तक हक़ है मेरा

2

अमूमन साल के इस वक़्त केवल ठण्ड होती है
यहाँ मौसम बहुत ही सर्द हो जाता है इस दौरान
अमूमन साल के इस वक़्त केवल ठण्ड होती है

दरीचे से मैं बाहर देखता हूँ कैसा आलम है
सफ़ेदी-ही-सफ़ेदी हर तरफ बर्फ़ीला मौसम है
किसी कोरे काग़ज़-सी मुझे ये दुनिया लगती है
अमूमन साल के इस वक़्त केवल बर्फ़ पड़ती है

कभी लगता है बाहर के मनाज़िर कह रहे हैं कुछ
हरे पत्तों की सहमी-सी सदा मौसम में बहती है
दरीचे से मेरे कमरे के कोई अक्स दिखता है
मुझे ख़्वाबीदा आँखों से कोई तकता ही रहता है
मगर मैं अब किसी मौसम से रिश्ता रख नहीं सकता
तवज्जो इन पुकारों, इन निगाहों को नहीं देता
मुसल्सल ज़ेहन में हर वक़्त बस ये बात रहती है
अमूमन साल के इस वक़्त केवल ठण्ड होती है

मैं बैठा हूँ बड़े आराम से आराम-कुर्सी पर
सुना करता हूँ मैं कुर्सी के हिचकोलों की आवाज़ें

लिखा करता हूँ कुछ टूटे से मिस्रे अपनी कॉपी में
कई दिन से मैं कोशिश कर रहा हूँ नज़्म कहने की
अलाव इक ओर मद्धम जल रहा है मेरे कमरे में
जलाकर मैं भी इक सिगरेट इसी के साथ जलता हूँ
मेरे कमरे में चारों ओर केवल राख बिखरी है
धुँआ इतना है कमरे में कि जैसे धुंध छायी हो
अमूमन साल के इस वक़्त केवल धुंध होती है

उफ़ुक़ भी अब्र के पीछे छिपा रहता है इस दौरान
यहाँ इस वक़्त दिन है कितना छोटा रात है लम्बी
कई दिन हो गये मुझको कोई भी रौशनी देखे
न जाने क्यूँ मुझे याद आती है ख़्वाबों की वो दुनिया
जब आलम था बहारों का,चमकती धूप थी सर पर
न जाने क्यूँ मेरे मन में ख़यालों का है कोलाहल
इसी कारण ख़यालों की मैं थोड़ी भी नहीं सुनता
मैं फिर से शायरी की ढाल रख लूँगा मेरे आगे
मैं फिर से इस अधूरी नज़्म में ही डूब जाऊँगा
मुझे मालूम है इस वक़्त केवल बर्फ़ पड़ती

निसार राही

ईमेल - drnisarrahi69@gmail.com
मोबाइल - 09414701786
पता - ए-31, महावीर नगर, कमला नगर हॉस्पिटल के पीछे, पाल लिंक रोड, जोधपुर- 342008 (राज.)

हासिले-नज़्म

न रदीफ़, न क़ाफ़िया
वज़्न की क़ैद से भी तक़रीबन् आज़ाद
सिर्फ़ इक ख़याल को क़ाबू में रखना है
आहंग का क्या है
थोड़ी-सी मश्क़ से आ ही जायेगा
शायद, आसान हो नज़्म कहना
कह भी दें, मगर
क्या करें
'हासिले-नज़्म' कुछ नहीं होता।

हसरत

हसरत से तकती रहती है राह
हर इक मुसाफ़िर को
पेड़, परिन्दे, नदी, तालाब
खेत, झरने
क्या कुछ नहीं है
उसके पास, मगर
मंज़िल तक जल्द पहुँचने की धुन में
अक्सर राह को
ग़ौर से कोई देखता ही नहीं

तरक़्क़ी

ज़िन्दगी में अँधेरा
हर शाम के बाद सवेरा
लोग कहते हैं मेरी ज़िन्दगी की शाम भी
कभी-न-कभी, धीरे-धीरे
सवेरे तक ज़रूर पहुँचेगी
मगर सोचता हूँ
शाम से सुब्ह के बीच
मुझे नींद न आज जाये।

हमावक़्त शायर

नहीं मामूल है
आम लोगों की मानिन्द
सुब्ह उठना, तैयार होकर काम पर जाना
शाम को कुछ घर-बाहर की ज़रूरतें
कभी-कभार...दोस्त, रिश्तेदार और समाज
हर एक के लिए वक़्त मख़्सूस
ख़ुद से मिलना तो बहुत कम हो पाता है
उन्हीं लम्हों में कभी कुछ कह लेता हूँ,
फिर भी, मैं हमावक़्त शायर हूँ

हमसफ़र

साथ नहीं चल सकता ख़्वाबों के
तैरते हैं वो तो निगाहों में,
ख़लाओं में,
और मुझे तैरना नहीं आता

साथ नहीं चल सकता यादों के
मालूम नहीं कब टीस बनकर
उभर जाती हैं वो

और मुझे उभरना नहीं आता

साथ नहीं चल सकता राहों के
बेतर्तीब, आवाज़-सी
जब जी चाहा मुड़ जाती हैं
हर किसी की जानिब
और मुझे मुड़ना नहीं आता
साथ नहीं चल सकता
ख़यालों के, इरादों के, वादों के
कि बनाती पड़ती हैं सौ बातें
और मुझे बातें बनाना नहीं आता

साथ नहीं चल सकता
दुनिया के भी, क्योंकि
मुझे चलना है
सिर्फ़ तुम्हारे साथ

जाला

जाले में बुनती रहती है जाला
इर्द-गिर्द अपने ही
छोटे-बड़े दायरों में, जिनमें
फँसी रहती हैं आरज़ूएँ, तमन्नाएँ, ख़्वाहिशें
और भी जाने क्या-क्या
ज़िन्दगी है कि मकड़ी

नैना आदिल

ईमेल - naina.ntpa@gmail.com
मोबाइल - +923343416676
पता - हाउस नं.- 868 (सेकण्ड फ्लोर), स्ट्रीट नं.- 29-सी, महमूदाबाद नं.- 6, कराची, पाकिस्तान

बहलावा

हो सकता है
इस मंज़र से धूप निकलकर
छाँव पर क़ाबिज़ हो जाये
सूरज की सतरंगी किरनें
धब्बों में बँट जायें
वक़्त का गिरगिट रंग बदल ले
सारी बस्ती
अपनी आँखें देवताओं को दान में देकर सो जाये
लेकिन
बहलावे की पहली बारिश पड़ने दो
हो सकता है
पत्थर से ख़ुश्बू फूटे
और ख़ुश्बू से अंगारे
हो सकता है अंगारों में जल-जलकर
मिट्टी कुन्दन हो जाये

वक़्त के पास गिरवी रखी आँख से...

वक़्त के पास गिरवी रखी आँख से
आइना देखकर कौन मसरूर हो!
कौन मत्रूक लफ़्ज़ों से नज़्में लिखे
कौन हर्फ़े-सताइश पे मम्नून हो

हो तफ़क्कुर कहाँ किस तरह ख़ेमाज़न?
जब तनाबें ज़मीं की हैं उखड़ी हुई
कैसे शब्दों में सिमटे ख़लाओं का ग़म
रात और दिन के बोसीदा ज़िन्दान में
कौन बुझते सितारों से महज़ूज़ हो
क्यों तख़य्युल की बाज़ीगरी में रहें
मेरा इम्कान बनकर मेरी बेबसी
शाम बेघर है और बादलों का फ़ज़ा में ठिकाना नहीं
नक़्श बरआब है मौज अन्फ़ास की
एक बीते हुए ख़्वाब के साये में
झेलती है मुझे मेरी मौजूदगी

मैं तेरी नज़्म नहीं हूँ

गुगाँ न कर! कि तू मुझे मिस्रों में ढाल सकता है
मुझमें फैले हुए सहरा की रेत समेट सकता है
या मेरी आँख के दरिया को लफ़्ज़ के कूज़े में क़ैद कर सकता है
तू चाहे उम्र भर मेरे रंग चुन-चुनकर मन-पसन्द तस्वीरें बनाता रहे
और अपने अधकचरा ख़यालात की दाद पाता रहे
मगर अय कम हुनर! मेरी तस्वीर के बेशुमार रंग
तेरे तसव्वुर से मावरा हैं
मुझे अफ़्सोस नहीं, कि तू अपने भाई की तरह
जंगे-अज़ीम दोयम में दुश्मन के काम न आ सका
तेरी दानिशवरी प्लासी की शर्मनाक शिकस्त में दुश्मनों को
नेस्तोनाबूद कर देने का कोई, आला मंसूबा बनाने से क़ासिर रही
और तेरी नाम-निहाद फ़ैयाज़ी बोस्निया के बदतरीन क़हत में दम तोड़ गयी
मुझे क़तई अफ़्सोस नहीं कि तेरी दौलत
तेरी एहतियाजात की तश्फ़ी कर सकी न तेरी सियासत
इंसानी अग़राज़ की तस्कीन का ज़रिआ बन सकी
न तेरा ख़ुदा तुझे अमान दे सका
और न ही मेरी मुहब्बत तेरे अधूरेपन की तक्मील कर सकी
मैं
अज़ल से तेरी अधकचरा नज़्में सुनने की आदी हूँ

ये जानते हुए भी कि तू मुझसे अपनी नातमामी का
इन्तक़ाम नहीं ले सकता
और ताअबद मुझे नज़्म नहीं सकता

अय मेरे शब्द.........

अय मेरे शब्द, मेरे भेद, महाधन मेरे
रात में ख़ुश्बू तेरी,
नींद में बोसा तेरा.....
ठण्ड में आग तेरी तापूँ, खिलूँ
जी उठूँ।

अपने आँसू तेरे हाथों के कटोरे में रखूँ
देर तक तुझसे लिपटकर यूँ ही रोती जाऊँ
अय मेरे शब्द! तेरे मानी की सतरंग गिरह
कभी सुलझाऊँ
कभी उँगली में उलझा बैठूँ
गुम रहूँ तूझमें कहीं, तुझमें कहीं खो जाऊँ

अय मेरे शब्द! मेरे इश्क़, मेरे अफ़्साने
शाम गुलरंग करे, ख़्वाब को दो चन्द करे
तेरी बारिश में निखरता हुआ सब्ज़ा मेरा
माँग आशाओं की भरती हुई इस दुनिया में
और कोई भी नहीं, कोई नहीं
तू मेरा।

ज्वालामुखी

नागहाँ
आतिशीं लौ भड़कने लगी सब्ज़ पत्तों तले
तिलमिलाती, ग़ज़बनाक और...... मुश्तइल
आग
यकलख़्त बेताब होकर उठी

आन-की-आन में
बेल-बूटे, शजर
फूल, पत्ते, समर
राख का ढेर होने लगे इस तरह
सुर्ख़ शोले निगलने लगे घोंसले
(घोंसलों में पड़े गोश्त के लोथड़े)
बस धुआँ रह गया दूर तक राह में
और बदलता गया एक जंगल हरा, देखते-देखते
सुरमगीं ख़ाक में
सब्ज़ मंज़र कोई यूँ जला आँख में

मैं एक मुहाजिर की बेटी हूँ

मैं एक मुहाज़िर की बेटी हूँ
मेरे अब्बू जब काम पे जाते
तो उनके लौट आने तक
सेहन में धूल उड़ाती मिट्टी
साँसों में ख़द्शे भरती थी
अम्मी ख़ुद भी चुपचाप रहतीं
हम भी शोर न करने पाते
मैं उस घर की दीवारों पे लिखी
ख़ौफ़ की भाषा पढ़सकती थी
मैं एक मुहाजिर की बेटी..........

छः नम्बर की फूलों वाली एक गली में
कॉलेज के इक स्टूडेण्ट की लाश पड़ी है,
दहशतगर्द है
मेरी सहेली के हाथों में उसका ख़त है
जिसमें बस इतना लिक्खा है
'ज़िन्दा रहा तो इश्क़ करूँगा'

उस दिन सदर में...... बन्दूक़ों की तड़-तड़-तड़ में
मैं कॉलेज के डेस्क के ऊपर खुरच-खुरच के लिख आयी थी
मैं एक मुहाजिर की बेटी हूँ

मेरे दादा दकन से अख़बार, किताबें और मुसल्ला लाये थे
और मेरी दादी, साड़ी, ख़ामोशी और आँसू.......
उनके चेहरे की शिकनों में जज़्ब उदासी और हिजरत में
अपनी हरी रगों में, शरयानों में और बदन के
हर ख़लीए में समो चुकी हूँ
मैंने क़राची की गलियों से इश्क़ किया है
मुझमें मेरा कल ज़िन्दा है, मुझमें मेरा आज बपा है
मैं एक मुहाजिर की बेटी हूँ
और मेरे बच्चों का विरसा है
जंग बक़ा की

नोमान शौक़

ईमेल - nomaanshauque@gmail.com
मोबाइल - 09810571659
पता - ए-501, प्रसार कुंज, पाई वन
ग्रेटर नोएडा- 201310, गौतम बुद्धनगर

उर्दू की मुख़ालिफ़त में

मैं नहीं चाहता
कोई झरने के संगीत-सा
मेरी हर तान सुनता रहे
एक ऊँची पहाड़ी पे बैठा हुआ
सर को धुनता रहे

मैं अब झुँझलाहट का पुरशोर सैलाब हूँ
क़स्बा-ओ-शह्र को एक गहरे समन्दर में
ग़र्क़ाब करने के दर पे हूँ

मैं नहीं चाहता
मेरी चीख़ को शायरी जानकर
क़द्रदानों के मज्मे में ताली बजे वाह-वाही मिले
और मैं अपनी मस्नद पे बैठा हुआ
पान खाता रहूँ, मुस्कुराता रहूँ

मैं नहीं चाहता
कटे बाज़ुओं से मेरे
क़त्रा-क़त्रा टपकते हुए सुर्ख़ सैयाल में
कीमिया घोलकर एक ख़ुशरंग पैकर बनाये
रऊनत का मारा मुसव्विर कोई
और ख़ुदाई का दावा करे

एक ज़माने तलक
अपने जैसों के काँधों पे सर रखके रोते रहे
मैं भी और मेरे अज्दाद भी
अपने कानों में ही सिसकियाँ भरते-भरते
मैं तंग आ चुका हूँ!

अपने हिस्से का ज़ह्‌र
अब मुख़ातिब की शहरग में है
दौड़ता, ग़ुल मचाता हुआ
देखना चाहता हूँ

मैं नहीं चाहता
गालियाँ दूँ किसी को
तो वो मुस्कुराकर कहे– मरहबा!
मुझे इतनी मीठी ज़बान की
ज़रूरत नहीं।

तक़्वा

बहुत अय्यार थे वो लोग
वो सारा दिन ख़ुदा को याद करते
मस्जिदों में जाते
रोते, गिड़गिड़ाते और तश्बीहें पढ़ा करते
ज़माना मोतक़िद था इस क़दर उनका
वो जब बाहर निकलते
लोग उनके रास्ते की गर्द को
अपने अमामों से हटाते थे
उनकी ख़ातिर ख़्वाने-पुरनेमत सजाते थे
मगर
जब रात आती
और अँधेरे हर दरो-दीवार पर
ख़ेमे अपने नस्ब कर लेते
तो फिर ये धरा लेते
डाकुओं का भेष

लूट लेते आबरू
मालो-ज़र, लालो-गुहर
और फिर वो सुब्ह-दम
सिद्क़ो-सफ़ा का दर्स देते
और सब्रो-रज़ा की शोहरत को तल्क़ीन करते
और फिर मसूरूफ़ हो जाते
इबादत में वो अपनी
उन्हें शद्दाद की जन्नत
इलाही की रज़ा से चाहिए थी।

पासवर्ड (Password)

महफ़ूज़ हैं
मेरे दिमाग़ के कम्प्यूटर में
सारा आकाश
धरती का धूप से ढका जिस्म
बारिशों में उफनती नदी
और नदी में पूरी जिस्म से नहाती
एक लड़की
जिसके जन्म-दिन पर
सस्ते तोह्फ़े दिया करता था मैं
हर साल

आज भूल गया हूँ मैं
उस लड़की का जन्म-दिन
मुझे याद नही अपना 'पासवर्ड' भी!

लक्ष्मण-रेखा

नहीं!
आप नहीं समझा सकते
जीने का मतलब!

नहीं बता सकते
सुबह उठकर कितनी दूर टहलना
कितनी देर कसरत करना ज़रूरी है
तनदुरुस्त रहने के लिए,
खाने के लिए गोश्त मुनासिब है
या साग-सब्ज़ियाँ
रोने के लिए मुनासिब जगह
दफ़्तर है या बॉथरूम
मुझे समझाना मुश्किल है

कितना मुस्कराना चाहिए
कैमरे के सामने
और कितना
एक पुराने दोस्त को देखकर

महबूबा को चाहने से
बढ़ता या कम होता है
बीबी के हिस्से का प्यार
मुझे नहीं बताया जा सकता

शहीद कहलाने के लिए सरहद पर मर जाना ज़रूरी है
एक क़ब्रस्तान की चैकीदारी करते हुए
या फिर
मस्जिद-मन्दिर या गिरिजाघर में
मज़हबी होने का ढोंग करते हुए
मुझे नहीं पूछना किसी से

जीने की ललक
और मौत की दहशत से बनी लक्ष्मण-रेखा
नहीं खींची जा सकती मेरे गिर्द

किसी तानाशाह के सिंहासन पर
अपने पाँव रखकर सोने पर मतलब
जानता हूँ मैं!

सड़क के दोनों तरफ़ ख़ैरियत है

आस्मान के एक किनारे से
दूसरे किनारे तक उड़ रही है
रंग-बिरंगी मौत
पतंगों की तरह बलखाती हुई
जिसकी डोर
गली के मनचले लड़कों के हाथों में है
बिखरते चाँद की
अधजली परछाईं से बने रथ पर सवार
झूमते हुए आते हैं आवारा कुत्ते
जो भूँकते हैं
कभी धीमी और कभी तेज़ आवाज़ में

समझदार लोग
खड़े हो जाते हैं सड़क के दोनों तरफ़
सर झुकाकर

फ्रीज़र में रखी शाम

तुमने
मेरी रूह को
इक काले ताबूत में रखकर
कीलें ठोंकी
जिस्म को लेकिन छोड़ दिया
घनी रात के जंगल में सो जाने को

और मैं
तन के टुकड़े करके
लफ़्ज़ों के सन्दूक़ में भरकर
बीतें दिनों के फ्रीज़र में रख आया हूँ
जब तुम अपनी गुज़री शामों के पट खोलोगी
डर जाओगी!

ग्राउण्ड ज़ीरो

वहाँ भी होता है
एक रेगिस्तान
जहाँ किसी को दिखायी नहीं देती
उड़ती हुई रेत

वहाँ भी होता है
एक दर्द
जहाँ तलाश नहीं किये जा सकते
चोट के निशान

वहाँ भी होती है
एक रात
जहाँ जुर्म होता है
चाँद की तरफ़ देखना भी

वहाँ भी होती है
एक रौशनी
जहाँ पाबन्दी होती है

डूबती नाव पर

नज़रियात की सीढ़ियों के नीचे
ख़ुदाई जारी है

पूरी ताक़त से पकड़े रहिए
अपने-अपने मुल्क-मज़हब
और अक़ीदे के साँपों की दुम,
जैसे पकड़े रहते हैं
डूबती नाव पर सवार लोग
एक दूसरे को !

बकुल देव

मोबाइल - 09672992110
पता - ए-266, त्रिवेणी नगर, गोपालपुरा बाइपास
जयपुर (राजस्थान)

मदावा

क़लम की नोक से
ज़ख़्मी हुआ जाता है इक सफ़्हा।

ख़राशें-सी उभरती जा रही हैं
जिस्म पर उसके।

ख़राशों पर बना जाता है पैकर रौशनाई का
चमकने लगते हैं कुछ आड़े-तिरछे हर्फ़ काग़ज़ पर।

लिखे जाते हुए लफ़्ज़ों को
ये इम्काँ भला कब है।
तवक़्क़ो इनसे की जायेगी उन ज़ख़्मों के मरहम की
समय की नोक ने जो
ज़ेह्न पर दिल पर बनाये हैं।

इन्हीं में खोजी जायेगी
कोई तस्कीन की सूरत।

सितम ये है कि चारासाज़ी आख़िर हो भी जायेगी।

इलाक़ा है कहाँ सफ़्हे को भी
उसका जो होना है।

हवाएँ वक़्त की आख़िर उड़ा ले जायेंगी ये लफ़्ज़
फ़ज़ाएं जज़्ब कर लेंगी
चमकती रौशनाई को।

ख़राशें आख़िरश सफ़्हे की उरियाँ हो ही जायेंगी।

सितम ये भी तो है यारो
मदावा कुछ नहीं सफ़्हे के ज़ख़्मों का, ख़राशों का।

ख़्वाहिशे-बेजा*

वही इक ख़्वाहिशे-बेजा
कि हर मंज़र के पहले उसका पसमंज़र दिखायी दे।
कि माज़ी भी नज़र आये
कि मुस्तक़्बिल दिखायी दे।

जो अपना है दिखायी दे
पराया भी दिखायी दे
बिछड़ना है जिसे उसका
बिछड़ना भी बिछड़ने से ज़रा पहले दिखायी दे।

उदासी के दरख़्तों पर
कभी कोई हरी फ़ुनगी ख़ुशी की भी दिखायी दे।

बहुत मुम्किन है ये ख़्वाहिश न हो
इक ख़्वाब हो मेरा
कुहासे की तरह जिसने नज़र को घेर रक्खा हो।

यही इक ख़्वाहिशे-बेजा
नज़र कुछ भी न आने का सबब हो भी तो सकती है....

नज़र आयेगा कुछ
या फिर नज़र कुछ भी न आयेगा?

इसी बेजा इरादे से मैं पलकें मूँदकर अपनी
बड़ी मुद्दत से बैठा हूँ....
कुहासा छँट गया तो देर तक देखूँगा जी भर के!

*व्यर्थ की इच्छा

वसीले

मैं दिखायी अभी नहीं दूँगा
नज़्मों-ग़ज़लों में या कि गीतों में

कोई अफ़्साना ही निकल आये
मुझसे, मेरा हो जो
मेरे जैसा,
इसके इम्कान भी
बहुत कम हैं.....

मैं अभी हूँ
रुँधे हुए से गले में
कहीं पे अटका हुआ
आँखें जो हो चुकी हैं पत्थर की
मैं उन्हीं में दबा हूँ
सहमा हूँ
काँपते होठों के नीचे
छुपा हुआ हूँ अभी....

बस यही इंतज़ार है मुझको
शोर कुछ कम हो
इन फ़ज़ाओं में
रौशनी भी ज़रा-सी मद्धम हो
कुछ सहूलत भी चाहिए मुझको
ऐसा माहौल
हो सकूँ ज़ाहिर....

दरहक़ीक़त कोई ज़बान हूँ मैं
जिसको दरयाफ़्त किया जाना है
बेज़ुबानी के कुछ वसीलों से!

नजात

यथा सर्वे प्रभिद्यन्ते हृदयस्येह ग्रन्थयः।
अथ मर्त्योऽमृतो भवत्येतावद्ध्यनुशासनम्।। 15।।

: कठोपनिषद्

जब हृदय की सम्पूर्ण ग्रंथियों का भेदन हो जाता है तो अपने जीवनकाल में ही मरणधर्मा जीव अमर हो जाता है।

हाँ, ये सच है कि सत्हे-दिल प मेरे,
चंद गिरहें पड़ी हैं मुद्दत से,
चंद गिरहें जो एक लम्स के बाद,
खुल भी सकती हैं, खुल भी जायेंगी।
यानी यूँ है कि मुझको राहे-नजात,
मिल भी सकती है मिल ही जायेगी।

हाँ, मगर उस गिरह का क्या होगा,
जो बनेगी उस एक लम्स के बाद,
एक तरकीब-ए-नाशनासा से.....
एक होनी जो टल नहीं सकती.
यानी यूँ है नजात-ए-दुनिया की,
कोई सूरत निकल नहीं सकती....

ये गिरह मुझसे खुल नहीं सकती!

गुमान-ए-सहीह

तुमने हर बार ये कहा मुझसे,
मैंने हर बार ये सुना तुम से,

ज़ख़्म आख़िर को भर ही जाने हैं,

वक़्त आख़िर गुज़र ही जायेगा।
मुस्कुराहट लबों पे लौटेगी,
ख़्वाब पलकों में लौट आयेगा।

जी में आता है इस गुमाँ पे तेरे,
मैं यकीं कर लूँ और कुछ न कहूँ।
जो कभी ख़त्म ही नहीं होते,
बस उन्हीं रास्तों पे चलता रहूँ।

फिर कभी पूछता हूँ मैं ख़ुद से,
कब तलक दर्द का ये तन्हा सफ़र?
कोई मंज़िल कहीं नहीं गोया,
दूर तक राहगुज़र... राहगुज़र!!

कब से ठहरा हुआ है ये मंज़र,
जिसका नज़रें तवाफ़ करती हैं।
कैसी राहों से निस्बतें हैं जो,
मुझको मेरे ख़िलाफ़ करती हैं।

हौसला साथ दे भला कब तक,
एक सीना है और कई ख़ंजर।
इक यकीं फिर गुमाँ में ढलता हुआ,
देखने को है फिर वही मंज़र।

दीदारेज़ी से थक चुकी आँखें,
ख़ुद-ब-ख़ुद बंद होती जाती हैं.
एक लम्हा वसीअ होता हुआ,
जिसमें उम्रें सिमटती जाती हैं....
है
अमूमन साल के इस वक़्त केवल ठण्ड होती है

6

चाँद-सितारे आने को है रात हुई
मेरा मन ख़्वाबीदा होनेवाला है
उन रातों के पास हुआ है मेरा मन
चाँद मुझे जब नामाबर-सा लगता था
मुझको भी सब शायर-शायर कहते थे
मैं सारी शब अपनी धड़कन लिखता था
जिनको चाँद तुम्हारे घर पहुँचाता था
उन रातों-सा जब मैं डूबा रहता था
चाँद-सितारोंवाली तेरी आँखों में
बालूवाली एक घड़ी थी मेरे पास
जिसको अल्टी-पल्टी करता रहता था
वक़्त गुज़रता जाता था अक्सर यूँ ही
कैसा आलम था वो दीवानेपन का
अक्सर यूँ ही रात गुज़ारी जाती थी
और अब जब फिर रात की ख़ाली बोतल में
सूरज की पहली किरणें आने को हैं
मेरा मन कहता है लौट आये वो सुब्ह
जब मेरी सब सुब्हें तुझसे होती थीं
तेरी आवाज़ों में घड़ियाँ बजती थीं
जब दिन की पहली कॉफी के प्याले में
गर्मी तेरी मुस्कानों की रहती थी
जब जल्दी उठकर करने जाता था सैर
और इसी दौराँ कुछ कह भी लेता था
ओस में भीगी तेरी नन्हीं यादों पर
ठण्डे-ठण्डे तन्हाई के मौसम पर
तेरे-मेरे रिश्ते के पागलपन पर
जब भीगे-भीगे रहते थे दिन और रात
मुझको जब सब शायर-शायर कहते थे
अब वो वक़्त दुबारा कैसे लौटेगा
चाँद-सितारे ओझल होनेवाले हैं
सूरज की काली-काली-सी ये किरणें
सारे ख़्वाब दुबारा मुझसे ले लेगी

7

कई दिन से कोई आवाज़
इक आसेब बनकर मेरे
चारों ओर फिरती है
बुलाती है मुझे, मज्बूर कर देती है वो मुझको
कि मैं फिर रात की वीरानियों को
अपने सीने से लगा लूँ,
डूब जाऊँ शह्र की वीरान सड़कों में
की मैं फिर दश्त की बेसिम्त वहशत ओढ़लूँ,
आँखों में सहरा की वही गीली-सी बालू भर के
चारों सिम्त भटकूँ, बस उसी आवाज़ के पीछे
वो जिसकी लाश मैंने अपने हाथों से उठायी है
चिता जिसकी जलायी है
वही आवाज़ जिसकी अस्थियाँ मैंने बहायी है
जिसे बरसों से मैंने रात-दिन ख़ुद से
बहुत महरूम रक्खा है
जिसे बरसों से मैंने रात-दिन हर रोज़
भूला है, जलाया है, मिटाया है वही आवाज़
जो इक दोस्त की आवाज़ लगती है
बहुत हमदर्द, जानी और पहचानी वही आवाज़
कभी लगता है मैं इस बार
उसको एक मौक़ा दे तो सकता हूँ !!!

ब्रजेश अम्बर

ईमेल - brijeshamber@gmail.com
मोबाइल - 08094002919
पता - कल्लों की गली, कबूतरों का चौक
जोधपुर- 342001 (राजस्थान)

तब और अब

आख़िरी बल्ब था यहाँ
उसके आगे था
ख़ौफ़ के ख़ारदार पेड़ों से आबाद
रेतीला
पथरीला
खुला ख़ाली मैदान
आगे बढ़ने पर
साथ हो जाता अँधेरा
टिमटिमाती रौशनी में
कितना कब तक
होता मुम्किन सफ़र
उगने लगी हैं
इमारतें अनगिनत
बग़ैर बल्ब का बिजली का खम्भा
देखता है
चुँधियाई आँखों से
जंगल
रौशनी का

मुंजमिद यादें

अब किसी कहानी का कुछ नहीं बचा मुझमें

मैंने तो ये समझा था
हो चुकी हैं यख़ यादें
आज क्या हुआ लेकिन
किसी उम्मीद-उँगली ने
छू लिया जो पिघली हैं
आँसुओं के पैकर में
मुंजमिद हुई यादें

ख़्वाब के ख़्वाब में

दिन की दहलीज़ पर
टनटनाती रहीं
फोन की घंटियाँ
जिनको मैंने
सुना
अनसुना कर दिया

सुरमई शाम को
उजले ख़्वाबों में मल्बूस कोई तो था
जो जगाता रहा
अब उठो भी......
उठो भी
जो कहता रहा......

अब उठा हूँ, तो
कमरे में कोई नहीं
तो क्या आज मैं यूँ ही सोता रहा
ख़्वाब के ख़्वाब में

यहाँ कोई नहीं हैं

यहाँ कोई नहीं है
बयाबानों में भी आबादियाँ ही गश्त करती हैं

समन्दर-सी थपेड़ें मारती मौजों के फेरे हैं
ज़मीं को हर तरफ़ से सिर्फ़ जलती रेत घेरे है

नमी अब नाम को मिलती कहाँ है इन फ़ज़ाओं में
हवा के होंठ सूखे हैं
अकेला ऊँट अपनी दाढ़की खुजली मिटाता है
किसी की याद में कब कौन अपनी उम्र खोता है।

बावली है उदास रहती है

लेके परियों को जिन्न हुए रुख़्सत
देव पहले ही कर चुके हिजरत
भूत भी अब यहाँ नहीं रहते
कोई ख़द्‌शा है अब न अन्देशा
ठहरे पानी में बू की बूदो-बास
पत्थरों से सुनायी देती है
याद की सिसकियाँ हर इक शब को
बावली है उदास रहती है।

नया होने के लिए

घने बयाबाँ के
ख़ारदार दरख़्त की शाख़ पर
लहरा रही है
केंचुली
कहाँ होगा?
आसपास कोई तहख़ाना नहीं हैं?
ज़रूरी होता है क्या
अकेला होना
उतारने के लिए
केंचुली

मनोज अहसास

ईमेल - kumar.manojguddu@gmail.com
मोबाइल - 09027221387
पता - सुधा सदन, महादेव मंदिर, पोस्ट- नकुड़
सहारनपुर- 247342 (उ. प्र.)

एक

सुब्ह आयी
तेरे इंतज़ार की ख़ुश्बू लेकर
फिर तमाम दिन मुझे तेरा इंतज़ार रहा
शाम आयी
तेरे न आने की मायूसी लेकर
फिर तमाम रात अँधेरों में ढूढ़ा है तुझे
और बाँधी है उम्मीद अगली सुब्ह से
मेरी ज़िन्दगी के हसीन पल
तू कहाँ था?
आज आया है
तो मेरी आँखों में चमक ही नहीं
बुझ गया है तेरा इंतज़ार
जला कर खुद को
तुझको पाने को लगाया था ख़ुद को दाँव पर
ऐसा लगता है
तुझको पाया है खोकर ख़ुद को
मेरी ज़िन्दगी के हसीन पल
तू कहाँ था?
साथ लेकर तुझे
होकर जुदा अपनों से
मैं भटकता हूँ जैसे आज रेगिस्तानों में
इश्क़ के कतरे मुक़द्दर में कभी थे ही नहीं
चंद समझौते थे

जो तेरी आहटों से
मौजूदगी से
कैद हो गये ज़रूरतों के मकानों में
मेरी ज़िन्दगी के हसीन पल
तू कहाँ था?
जी में आता है भगा दूँ तुझको
या फिर तुझसे भाग जाऊँ कहीं
नहीं है तू हसीन पल जीवन का
तू मेरा वो ही पुराना साथी है
खेलता आया है जो बचपने से साथ मेरे
तेरा नाम दर्द है तू वही तन्हाई है
बस आज इस दुनिया के रंगीन मौसम में
अपनी सूरत बदलकर साथ मेरे
चल रहा है बड़ी कशिश के साथ
शायद ख़ुश है
सुन रहा है मेरी बेचैन आवाज़
कि
मेरी ज़िन्दगी के हसीन पल
तू कहाँ था?
कहाँ?

दो

वो जाग रहे हैं
दिन है फिर भी जाग रहे हैं
अक्सर वो रात में जागते हैं
अँधेरी और ख़ामोश रात में
अब वो दिन में भी जाग रहे हैं
रात रौशन जो हो रही है
उन्हें एतराज़ है इस बात पर
रात रौशन क्यों है
वो बहुत ग़ुस्से में हैं
वो बहुत ग़ुस्से में हैं
वो साबित करना चाहते हैं

वो भी प्रहरी हैं
सूखी हुई खेती के
और उसको काटने नहीं देंगे
और अपने मुलायम आसन से उतर आये हैं
वो अनशन भी कर सकते हैं
उन्हें डायबिटीज़ है मानसिक
मीठा नहीं खा सकते
वो रूढ़िवादी भी हैं
पर वो स्वतंत्र हैं
आजकल विरोध पर है कारण बताओ नोटिस दिये बिना
अब वो अपनी स्तुति करवाने से मना कर रहे हैं
उनका विरोध का तरीका उनके पेशे के अनुकूल नहीं है
क्योंकि क़लम में बहुत ताक़त होती है
अगर सियासत से बची रहे तो

तीन

एक नयी रचना
विधा अज्ञात
अभी मैं जा नहीं सकता।
अभी कुछ गीत बाक़ी हैं
जो तुमको कह सुनाने हैं
अभी मैं जा नहीं सकता
ख़्वाबों के कई जुगनू
जो सीने में हुए हैं गुम
ग़ज़ल की माँग में भरकर
तुम्हे सारे दिखाने हैं
अभी मैं जा नहीं सकता
अभी तन्हाइयों में ज़िन्दगी का शोर बाक़ी है
अभी होनी हैं मेरी दर्द से गहरी मुलाक़ातें
थकन से जो सफ़र मैं बीच राह छोड़ आया था
सलामत हैं मेरे सीने में वो विरहा भरी रातें
फिर उसी रंग से जीवन के सब रस्ते सजाने हैं
अभी मैं जा नहीं सकता

अभी कुछ गीत बाक़ी हैं
जो तुमको कह सुनाने हैं
अभी मैं जा नहीं सकता
तमन्ना रोज उठती है ज़रा देखूँ तेरी आँखें
छुपा लूँ अपनी आँखों में मेरे दिलबर तेरी आँखें
मुझे ये लग रहा है फ़िक्रो-ग़म के बोझ से दबकर
न जाने कितनी रातों से नहीं सोयीं तेरी आँखें
तेरी आँखों से मुझको ग़म के सब बादल हटाने हैं
अभी मैं जा नहीं सकता
अभी कुछ गीत बाक़ी हैं
जो तुमको कह सुनाने हैं
अभी मैं जा नहीं सकता
तमन्नाओं के गुलशन में ख़िज़ाँ का दौर हावी है
न तेरी याद है दिल में न कोई बेक़रारी है
तुम्हारे ज़िक्र में जिन साँसों को पल-पल सुलगना था
ज़माने का उन्हीं साँसों में पल-पल शोर जारी है
मुझे इस शोर में चाहत के लम्हें ढूँढ़लाने हैं
अभी मैं जा नहीं सकता
अभी कुछ गीत बाक़ी हैं
जो तुमको कह सुनाने हैं

चार

आज जब तय है मुहब्बत से रिहा हो जाना
सोचता हूँ के ज़रा तेरी गली से गुज़रूँ
फिर तेरी याद के मख़मल के दरीचे को ज़रा
ख़ुद से लिपटाऊँ,तमन्नाओं को छू लूँ, जी लूँ

जबकि ज़ाहिर है मेरे पास तेरे ग़म की समा
सिर्फ़ कुछ रोज़ इनायत की रवानी में रहा
फिर भी ये मानने को दिल कहाँ राज़ी है सनम
मेरा किरदार कम क्यों तेरी कहानी में रहा

हर तरफ़ एक-सी उलझन का असर लगता है

भूख के, दर्द के, एहसास के, शोलों की हवा
रूठ जाती है इशारों की ज़बाँ जब मुझसे
तब बहुत झूठ-सी लगती है इबादत-ओ-दुआ

फूँक दूँ तेरी हसीं याद का चोला दिलबर
या उतर जायें मेरी रूह से चाहत के निशाँ
ख़ुद पे रख लेता हूँ फिर फ़र्ज़ का बेदाग़ कफ़न
झूठ तो झूठ ही है झूठ का क्या रंग बयाँ

रात के बाद उजालों की कहानी लेकर
सुबह आयी, मगर रौशनी तो बाक़ी है
जब तलक भूख से बोझिल हैं कहीं भी ये जहाँ
तब तलक साँस चले ज़िन्दगी तो बाक़ी है

आ जा चल ढूँढ़ते हैं दर्द के मारों का नगर
है ये मुम्किन कि वहाँ इश्क़ का घर-बार बने
गर्मी-ए-इश्क़ में चाहत की रवानी में सनम
कुछ यहाँ पीर हुए और कई मैख़्वार बने

पाँच

मैंने उसके नाम
जितने गीत लिखे थे
उसने सभी नकार दिये हैं

उसने नकार दिया है
उन गीतों में अपने वजूद को
अपनी मौजूदगी को
अपने किसी भी अहसास को
उसे नहीं है याद
वो लव-बर्ड का जोड़ा
जो बहुत प्यार से उसने सजाया था
मेरी अलमारी में
और उसे नहीं है याद वो रक्षा-सूत्र

जो उसने मुझे
और मैंने उसको पहनाया था
उसे नहीं है याद वो सोलह रूपये जो
ज़बर्दस्ती उसने दिए थे समोसेवाले को
ये जानकर कि
मेरी जेब खाली है।

उसने नकार दिया है
अपने माथे पर लगी उस चोट को
जो मेरे ख़याल में गुम रहने पर
खम्भे से टकराने पर लगी थी उसे,
उसने नकार दिया है
अपनी उँगलियों के पोरों पर
मेरी इकलौती छुवन को भी

और न जाने क्या-क्या
नकार दिया उसने
धुल गया है सबकुछ उसके दिल से
और दिमाग़ से
और मैं नहीं भूल सका कुछ भी
इसलिए मैं उसका नकार स्वीकार नहीं कर सकता
और उसके नकार पर एतराज़ करता हूँ
नकारता हूँ उसके नकार को
पूरी शिद्दत से
कहीं मैं उस विशुद्ध पुरुषवादी सोच का ही
हिस्सा तो नहीं
जो स्त्री को नकार की इज़ाज़त नहीं देता

मलिक एहसान अहमद

ईमेल - ehsanmalik81@gmail.com
मोबाइल - 09839724567
पता - मोहल्ला आग़ा दरिया ख़ान
गाँधी नगर, बस्ती- 272001 (उ. प्र.)

आईना

मैंने इक सपना देखा है
रात का सूरज अपनी काली ज़ुल्फ़ें खोले जाग रहा है
शहर में सन्नाटा पसरा है
चाँद की उजली चादर ताने मैं अपने घर में सोया हूँ।
इतने में इक शोर है उठता
शबख़ूँ मारा, शबख़ूँ मारा
देखो शैताँ फिर आ निकले
मैंने भी सब अपनी मता-ए-ज़ोहद-ओ-तक़्वा
सब्र-ओ-क़नाअत और आमाल की सोना-चाँदी
इक-इक करके घर में देखी
वो सब अपनी जा पे नहीं थीं
इतने में इक शख़्स को देखा
मेरे मद्द-ए-मुक़ाबिल था वो
कमरे में ये कैसे आया
सोच के जब हैरान हुआ तो
बढ़कर उसको छूना चाहा
लेकिन ये तो आईना था

अलगनी

एक ही पल में उचट जाती है ये नींद मेरी
एक बिजली-सी चमक जाती है इन आँखों में
यक-ब-यक तेज़ फुवारें जूँ बरस जाती हों

और आँगन में सुखाने के लिए सब कपड़े
तर-ब-तर होके लिपट जाते हैं इक डोरी से
उनको मौजूद है इक डोर बदन की मानिन्द
थरथराती हुई आती है, चली जाती है
पर हवा उनको जुदा कर नहीं सकती यकसर,
जब तलक सूख न जाये जो नमी उनमें है
रहते-रहते तेरी तस्वीर उभर आती है
मेरी आँखों में किसी पर्दा-ए-सीमीं की तरह
यक-ब-यक तेज़ फुवारें जो बरस जाती हैं
दूर इक अलगनी-सी है वो मेरे पास नहीं

कल से तुम अख़बार न लाना

सुब्ह-सुब्ह अच्छा लगता है
घर से निकलकर सैर को जाना
ठंडी-ठंडी नर्म हवाओं के सागर में मुँह को धोना
और तर-ओ-ताज़ा हो जाना
लॉन में बोगेनवेलिया की डाली पे बुलबुल का इतराना
फुदक-फुदककर झूले जाना
लेकिन जब इतनी ही देर में
मेन गेट पर आकर कोई
काग़ज़ात कुछ दे जाता है
जिनके तहरीरी ख़ंजर से
बेले की ख़ुश्बू के परिन्दे
रोज़ ही घायल हो जाते हैं
तब दिल से आवाज़ आती है
आज मैं हॉकर से ये कह दूँ
कल से तुम अख़बार न लाना

अज़ सर-ए-नौ तश्कील

हक़, सदाक़त और हुस्न
ये सब चट्टानों पे चिपके हुए

मिट्टी के अन्दर दबे हुए
फॉसिल्स हैं।
आओ हम इन्हें खुरचकर-खोदकर
तज्रबागाहों में ले चले
और हो सके तो डी. एन. ए. से
इनकी अज़ सर-ए-नौ तश्कील करें

ख़्वाहिश से तमन्ना तक

लाल-पीली, नीली-नीली और हरी
ख़्वाहिशों की जाने कितनी मछलियाँ
तैरती रहती हैं मेरे जार में।
और जब उनमें से कोई यक-ब-यक
इक तमन्ना बनके बाहर कूदती हैं
साफ़-सुथरे फ़र्श पे दम तोड़ती है

मीरास

मैंने अपने आबा की किताबों को
काठ की ऊँची और मज़्बूत अल्मारियों से निकालकर
ख़ूब पढ़ा है।
उनकी ख़ुश्बू सूँघी है
उनकी धूलों को चाटा है
अपनी नोक-ए-ज़बाँ से अक्सर
और वरक़ के बायें ओर
नीचे की जानिब
पान की पीक से गीला करके
पलटे गये सफ़्हों पर
उनकी शहादत की उँगलियों के निशाँ पाये हैं

मुराजिअत

शह्रों के शफ़्फ़ाफ़ बदन और तहज़ीबों के सीनों पर

नीली ब्रा में लिपटी मुतमद्दिन छातियों में
जितनी कशिश है उतना दूध नहीं है।
चाँद रंग ढलवानों पर
इंसानों के आँसुओं का एक भी क़तरा
ठहर नहीं सकता है आकर
तो फिर हम सब क्यूँ न चलकर
सहरा में ही रहा करें अब

नाफ़-पियाला

रात इक नीले ख़्वाब में मैंने
पानी की आमेज़िश से
गूँधे गये गंदुमी रंग में
अपनी महबूबा के जैसे
दो नीम-बरहना जिस्म हैं देखे–
पहला ख़ुशी का–दूजा ग़म का
सूरत क़ामत और बदन के ख़द्दो-ख़ाल भी इक जैसे थे
बस दोनों में एक फ़र्क़ था
ग़म के जिस्म में पाया मैंने
इक गहरा-सा नाफ़-पियाला

नींद का फेर

मेरी आँखों ने
नये-नये ख़्वाबों को तो दावत दे दी है
सो अपने हाथों को फिर से जुंबिश दूँगा
जिन पर आकर टूट चुके हैं
ना जाने कितने ही हुबाब
नींद के फेर ने क्या कर डाला
जागती आँखों से मैं अब ये सोच रहा हूँ
क्या होगा जब पलकों पर मेहमान आयेंगे
मेरे पास सिवाय
वही पुराने ख़्वाबों की रूखी-सूखी ताबीरों के क्या रक्खा है

पानी

कल रात जब अपनी ज़ुल्फ़ें फ़ज़ा में बिखरा चुकी थी
और थका हुआ आलम
उसके गुदाज़ उभारों से लिपटा सो रहा था
मैं बेख़्वाबी का मारा
अपने कमरे में उसकी पिण्डलियाँ सहला रहा था
बाथरूम में पानी की इक टोंटी से
टप-टप की आवाज़ आ रही थी
मैंने सोचा पानी तो वक़्त की अलामत है
ये बाथरूम में बूँद-बूँद गिर रहा है
अगर जो टोंटी को मैं कस दूँ
क्या वक़्त का बहना रुक जायेगा
क्या कुन-फ़-यकून से पहले ऐसे ही
वक़्त इक पाइप में ठहरा था

मस्तो

ईमेल - masto@bewajah.in
मोबाइल - 09336670006
पता - सेक्टर- 13, हाउस नं.- 43
इन्दिरा नगर, लखनऊ (उ. प्र.)

पागल नहीं हूँ

कभी चुपके से आओ
और आकर तुम
मेरी गरदन पर
अपने
नर्म-ओ-नाज़ुक
हाथों की
ठण्डी लगाओ
और फिर गर्मी।

सुनो ना
न कालिदास हूँ मैं
और
न मीराजी
न होना चाहता हूँ मैं

मेरी ख़्वाहिश
मैं जीना चाहता हूँ
ज़िन्दगी को
रंग में उसके

मैं अपने आपसे
बाहर निकलकर
छूँ सकूँ

तुमको
ये क्या तक्लीफ़ है मुझको
कभी आओ...
मुझे बाहर निकालो...
इस अज़ीयत से...
वो कैसी शायरी?
गर तुम नहीं जानाँ।
सभी वेदों के शायर
शायरी में प्रार्थना करते थे
जीवन की

वो धरती माँगते थे
पेड़..
पौधे...
फूल...
तितली..
अगर मक़्सद यही है शायरी का
तो मैं क्यों?
शायरी की आरज़ू में
ज़िन्दगी ठुकराऊँ.....

ये जितने
आर्ट के मारे हैं
शायर हैं
मुसव्विर
ये पागल हैं
नशे में होश के हैं
और कुछ
बेहोश हैं जानाँ
:
सँभाले कब सँभलता है
जो उनके दामनों में
रौशनी का रस बरसता है
यूँ लगता है

किसी सदियों पुराने
शाप से शापित है

ये सब आर्ट के मारे
भटकते हैं अजल से
और अबद तक
भटकना उनकी क़िस्मत है
मैं इस आवारगी से थक चुका हूँ
और बेहोशी के आलम से
निकलना चाहता हूँ
:
मैं शायर हूँ
मगर पागल नहीं
कह दो कभी आकर
'मेरे मस्तो हो तुम'
:
मगर मैं जानता हूँ
तुम
न आओगी
मुझे यूँ ही
नशे में होश के
बेहोश जीना है
भटकना है
मुझे भी....
शाप से मुक्ति नहीं मुम्किन

जोगी

रात की काली नदी में मैंने
हाथ जो डाला
एक सितारा
पकड़ में आया
ज़ोर से उसको खींचा मैंने
:

चारों ओर इक अलख जगी थी....
आँख से मैं कुछ देख न पाया
जिस्म के जलने-सी कुछ बू थी
कपड़े सारे ख़ाक हो गये
चेहरा मेरा गुम ही हो गया
ठण्डा-ठण्डा-सा लगता था
सरगम-सी कुछ कान में आयी
सा और रे के बीच में था
और मैं तब से तैर रहा हूँ

योगिनी

01

आख़िर कैसे?
तुमने ये जादू कर डाला....
देखा-थामा
समेट के मुझको
कुछ फूँका
फिर
खुलती रही मैं....
ऊपर बढ़ती रही मैं..
भीतर आते रहे तुम...

02

पहले तो मैं
डरी बहुत
मैंने तो
सब दरवाज़ों पे
ताले बंद किये थे...
और पिघला के
सर्पाकार
कंगन बना लिए थे....
फिर कैसे?

03

डर तो !
अब भी गया नहीं....
मैं ठगी गयी हूँ
जन्मों-जन्मों
डर तो देखो....
धीरे-धीरे जायेगा...
पहले... कड़वा...तीखा...खट्टा...
दरिया चख लो....
तब फिर
मीठा पानी आयेगा...
सब्र करोगे?
:
चाँद
मेरी नाभि के नीचे सोता है....
उसे जगाओ...
ऊपर लाओ....
नाभि...
सीना...
गरदन
फिर माथे पे होगा....
चाँद...?
हाँ वो भी...
(और हम भी)

डर

हाँ !
डर मुझे भी लगता है...
जैसे समन्दर की लहरें
पड़ती रहती है...
चट्टान पर...
कहीं.... हम...

एक दूसरे को...
सुन ना
खो न दें...

मोहब्बत

इक
चींटी
क्या जाने कैसे
उँगलियों से होकर
काँधे पे चढ़आयी
फिर
सीने पर उतरकर काटा
और दम तोड़ दिया

वर्षा गोरछिया

ईमेल - varshagorchhia@gmail.com
मोबाइल - 08447766928
पता - द्वारा/ भूप सिंह गोरछिया, हाउस नं.- 95,
नारायण खेड़ा रोड, पीली मंदोरी,
फ़तेहाबाद- 125053 हरियाणा

कार्बन पेपर

सुनो न!
कहीं से कोई
कार्बन पेपर ले आओ
खूबसूरत इस वक़्त की
कुछ नक़लें निकालें

कितनी पर्चियों में जीते हैं हम
लम्हों की बेशक़ीमती रसीदें भी तो हैं
कुछ तो हिसाब रखें इनका

क़िस्मत
पक्की पर्ची तो रख लेगी ज़िन्दगी की
कुछ कच्ची पर्चियाँ
हमारे पास भी तो होंगीं

कुछ नक़लें, कुछ रसीदें
लिखाइयाँ कुछ
मुट्ठियों में हों तो तसल्ली रहती है

सुनो न!
कहीं से कोई
कार्बन पेपर ले आओ

चूड़ियाँ

जानते हो तुम?
मुझे चूड़ियाँ पसन्द हैं
लाल-नीली-हरी-पीली
हर रंग की चूड़ियाँ
जहाँ भी देखती हूँ चूड़ियों से भरी रेड़ी
जी चाहता है तुम सारी ख़रीद दो मुझे
मगर तुम नहीं होते,
ना मेरे साथ.... ना मेरे पास
ख़ुद ही ख़रीद लेती हूँ नाम से तुम्हारे
पहनती हूँ, छनकाती हूँ उन्हें
बहुत अच्छी लगती हैं हाथों में मेरे
कहते रहते हो तुम चुपके से कानों में मेरे
जानते हो तुम? मुझे चूड़ियाँ पसन्द हैं

मज़हब

सड़कें रो रही हैं
बाज़ार बेवाओं-सा बर्बाद हो चुका है
दुकानों की अस्मत लूट ली गयी है
घरों के बदन नंगे पड़े हैं
गलियाँ दुबकी-सी हैं
इंसानी ख़ून नालियों में जम चुका है
बच्चों की हड्डियां जलायी जा रही हैं सर्द रातों में
औरतों के पैर, बाहें, छातियाँ चौराहों पर टँगी हैं
नौजवानों के सर रास्तों पर बिखरे हैं
पंछियों के कटे हुए पर उड़ रहे हैं
जानवरों की रूहें जिस्म छोड़ रही हैं
शह्‌र-के-शह्‌र बिलखते हैं
गाँव-क़स्बे आहटों से सहमे हैं
दरियाओं के हलक़ सूख चुके हैं
सहराओं में लाशें भभक रही हैं

जंगलों के सीने चीरे जा चुके हैं
आस्मान की आँखों से लहू बहता है
ज़मीन की कोख उजड़ी है
वीरानों में दर्द फैला है
ख़बर है कि उस मुल्क से मज़हब गुज़रा है

दुआ

मैं नज़्में नहीं कहती
मैं दुआएँ लिखती हूँ
दर्द की किरचें चुनती हूँ
तेरे पैरों की उँगलियाँ सहलाती हूँ
माथे से भौंहों के बीच
एक चाँद तेरे नाम करती हूँ।
होंठों पे अटके काँच के टुकड़े चूमकर
ख़्वाहिशें कहती हूँ
तेरे बायें हिस्से पे हाथ रखकर
कुछ सनसनाहट अपनी नसों में भरती हूँ
और उँगली से आस्मान पर
मैं तेरे लिए दुआएँ लिखती हूँ

काशी

गंगा की छाती पर सर रखकर सोयी
कुछ देर और बूढ़े बनारस के
बढ़े नाख़ूनों और झुर्रियों से
चिपचिपी चमड़ीवाले हाथों को
छूकर यूँ लगा कि तुम वही हो जो मैं हूँ
और ये मेरी जगह है
मैं हूँ मणिकर्णिका...और तुम मेरे काशी
ये जो गंगा है ना
इसी में बहते-बहते हम एक किनारे मिले थे कभी
और हमेशा के लिए एक हो गये

ये गंगा ही साक्षी है....गंगा ही रिश्ता
यही प्रेम भी, सूत्र भी ये है
हम गंगा के कंकर, गंगा की औलाद
और इसी में मोह, मोक्ष भी इसी में
मैं मणिकर्णिका..... तुम मेरे काशी

तलाश

वो क्या था जिसे मैं ढूँढ़ती रही
साँसों के नमआलूद ज़ीने पर
जो भयानक ख़ामोशी से
हसरतों की चीख़ती घाटी में
कूदकर हर पल ख़ुदकुशी करता रहा
जिसे तेरे लबों ने बेवज्ह थामकर
मेरी तलाश ख़त्म की

मुस्कुराहट

मेरे गुलाबी दुप्पटे
की दहकती मुस्कुराहट
ने कई जख़्मख़ुर्दा दास्तानों
के नंगे ज़िस्मों को
अपने आग़ोश में समेटा है।

मुहब्बत का घर

याद रहे
चाहतों का ये शहर
ख़्वाबों का मोहल्ला
इश्क़ की गली
और कच्चा मकां मोहब्बत का
जो हमारा है
खुशबुओं की दीवारें हैं जहाँ

एहसासात की छतें
हंसी और आंसूओं से
लिपा-पुता आँगन है
हरा-भरा
गहरी छाँव वाला
प्यार का एक पेड़ है जहां

क़िस्सों के चौके में
बातों के कुछ बर्तन
औंधे हैं शर्मीले-से
तो कुछ सीधे मुस्कुराते हुए

शिकायतों के धुँए से काले कुछ बर्तन
हमारा मुँह ताकते हैं
कि क्यों नहीं उन्हें साफ़ किया,
रगड़कर हमने

भीतर एक ट्रंक भी है
लम्हों से भरा, रेशमी चादरों में
यादों की सलवटें हैं
आले में जलता चिराग़
वो खूँटियों पर लटकते
दो जिस्मों की झिल्लियाँ
जंगलों और खिड़कियों से
झाँकती चाहतें हमारी
दरवाज़े की चौखट से
टपकती हुई
बरसात की पागल बूँदें कुछ
हवा के कुछ झोंके

और न जाने क्या-क्या
सब बिक जायेगा इक दिन
समाज के हाथों

रिवाज बोलियाँ लगायेंगे,
ज़ात भाव बढ़ायेगी अपना
और ख़रीद लेंगे
जनम के ज़मींदार
वो मकाँ हमारा

ख़याल तेरे

ख़याल कुछ यूँ बिलखते हैं सीने में......
जैसे गुनाह पिघलते हों
जैसे लफ़्ज़ चटकते हों
जैसे रूहें बिछड़ती हों
जैसे लाशें फनफनाती हों
जैसे लम्स खुरदरे हों
जैसे लब दरदरे हों
जैसे कोई बदन कुतरता हो
जैसे कोई समन कुचरता हो
ख़याल तेरे कुछ यूँ बिलखते हैं सीने में

हरियाणा

गाँव भर में चर्चा है
वो भाग गयी, बदचलन थी
कई दिनों से लक्षण ठीक नहीं थे
मटक-मटककर चलती
ओढ़नी कभी सर पे नहीं रखती
कुल को डुबो गयी
आकर देखे कोई
कई हफ़्तों से
मिट्टी-तले सो रही है
कहाँ गयी...?
यहीं तो है
गाँव भर में चर्चा है

लम्स

मैं तक़रीबन सब चीज़ें
सलीक़े से रखती हूँ
ऊँघती, तपती दुपहरें
जाड़े की जमती रातें
झीलों की बोझिल नींदें
शर्मीली साँसों का सन्नाटा
लबों पे आती सलीक़ेदार ख़्वाहिशें
सब तज्रबों की लम्बी क़तारें
बस एक तुम्हारा लम्स
मुझसे सँभलता नहीं
बेतरतीब उतरते हो तुम मुझमें

विनीत राजा

ईमेल - vineetraja@gmail.com
मोबाइल - 09818532331
पता - जी-1/185, पंचायती धर्मशाला के पीछे
मेट्रो पिलर- 675 के सामने, उत्तम नगर,
नई दिल्ली- 110059

देएसेनते* : एक प्रार्थना

लो अब मैं
हर इक सतर से आरी हूँ

तुम चाहो तो आँखें खोल सकते हो
पर फिर कभी तुम मुझे
किसी लिबास में
तसव्वुर न कर सकोगे

तुम चाहो तो मुँह मोड़ सकते हो
पर मेरे लहू की बू
फिर भी पीछा न छोड़ेगी

तुम्हारी फ़िक्र
या तो उरयानी से अंधी हो रहेगी
या क़यास की सीढ़ी से
लुढ़का करेगी.....

बच निकलने की कोई सूरत नहीं है
पार पाने का लेकिन का एक रस्ता है
सुनो : बढ़ो, और इक जस्त में
मेरे गले आ लगो

*Des Esseintes

आनेवाले दिन

सरनिगूँ, क़तारबंद
चींटियाँ

आनेवाले दिनों के लिए
खाना जमा कर रहीं हैं

आनेवाले दिनों के बारे में सोचकर
मेरा जी बैठा जाता है

बेह्‌तर है कि मैं
भूख ही से मर रहूँ

लारवा

एक मुद्दत से
आकाश में
सो रहा था : लफ़्ज़

ज़रा-सी नमी और गर्मी....... के बस
देखते-देखते क्या-से-क्या हो गया!

याद

धूपने
खिड़की के शीशों पर
उभारे दाग़
बारिश की बूँदों के

फ़िक्र

खूँटे से बँधी बकरी

अपने दायरे में
चर चुकने के बाद

चबा रही है
गले की रस्सी

अमां

धूप से तप रही है छत
फ़र्श पर लेटी हुई है छिपकली

मक्खियाँ जालियों में छुप गयीं हैं
नालियों में घुस गये कुत्ते

मैं कहाँ जाऊँ

सहारा

एक नागा
बदन पर मल रहा है राख
क्यों?

क्या हर सहारा छोड़ने के लिए भी,
इक सहारा चाहिए?

नाम

जो तुम्हारे कान में फूँका गया था
वो तुम्हारा नाम कब था

वो तो हुस्न-ए-ऐब है
जो इसको उससे जुदा करता है

आओ सारे इस्म-ए-फ़र्ज़ी भूल जायें
और ये भी भूल जायें हम, के कुछ भूले हुए हैं
याद भी एक बोझ है
इस क़दर लम्बे सफ़र में

झूलता साया

ये झूलता साया
साँप है या रस्सी
ये जानने से पहले
क्या ये मानना होगा
के कोई एक है
और इक नहीं है?

क्या मानना, जानने की पहली शर्त है
और जानना मानने की महज़ तस्दीक़ भर है

तो उसे, जिसे जाना नहीं जाता
माना कैसे जाये?

रफ़ाक़त

हमने बसाये घर
बनाये दरवाज़े
लगायीं कुंडियाँ टाँगे ताले

और अब हम
निकल आये हैं गलियों में
कोशिश कर रहे हैं
के अपनी चाभियों से
दूसरों के घर में दाख़िल हो सकें

प्यार

नानी हर रात
इक वही कहानी सुनाती थी
बच्चे सुनते थे
ख़ुश भी होते थे, सो भी जाते थे

इक रात, अचानक
कहानी पुरानी हो गयी

वापसी

हम जब जंगल से निकलकर
बस्ती में आये
तो अपने नंगे बदन देखकर
शरमा गये

और फिर हमने तज्वीज़ की :
ख़ुद कोढ़ को
एक दूजे से ख़ुद को छुपाते फिरो
और अगर
जंगल की तरफ़
लौटना हो कभी
तो सुनो
है एक रास्ता
जो खुलता है
बन्द दरवाज़े के पीछे

डिस्क्लेमर

मैं अक्सर बकवास करता पाया जाता हूँ
मुझे संजीदगी से न लिया जाये

मुझे सुना जाये और भुला दिया जाये
और अगर न भुला पाया जाये
तो मुआफ़ कर दिया जाये

नीट

कल रात गली में
बिल्ली रो रही थी

मैंने टी.वी. की आवाज़ बढ़ा दी

आज टी.वी. ख़राब हो गया है
और गली में बिल्ली भी नहीं है

शहराम सरमदी

ईमेल - s.sarmadee@gmail.com
मोबाइल - +992935710788
पता - 4/131, ए-32, हम्ज़ा कॉलोनी
न्यू सर सैयद अहमद नगर, अलीगढ़ (उ. प्र.)

पतंग उड़ाने से पहले

पतंग उड़ाने से पहले ये जान लेना था
कि उसकी अस्ल क्या है और माहीयत क्या है
बहुत नहीफ़-सी दो बाँस की खपीचें हैं
और उनसे लिपटा मरबे में लिपटा नातवाँ काग़ज़
ये जिसके दम पे हवा में कुलेलें भरती है
ज़रा-सी ज़र्ब से वो डोर टूट जाती है
पतंग कट गयी तो उसका इतना ग़म क्यूँ है
पतंग उड़ाने से पहले ये जान लेना था
कि उसकी अस्ल है क्या और माहीयत क्या है।

ऐसा बहुत मुम्किन नहीं

हमने कभी सोचा नहीं
उस पार, उफ़ुक़ के उस तरफ़
क्यूँ दीद के ख़्वाहाँ हैं हम
क्या वाक़ई उन-उन वादियों में होगी ऐसी ख़ामुशी
हम आख़िरी नग़में जहाँ
बेख़ौफ़ और बेचश्म नम
इक बार खुलकर गा सकें

शायद ये मुम्किन हो मगर
ऐसा बहुत मुम्किन नहीं

अभी मैं ये सोच ही रहा था

नियाज़मन्दों की भीड़ है इक
क़तार अन्दर क़तार सारे खड़े हुए हैं
मैं फ़ासले पर हूँ, सोचता हूँ
कि दस्ते-ख़ाली के इस सफ़र में
कमाना क्या और गँवाना क्या है

मैं इस मक़ामे-अजीब यानी
'कमाना क्या और गँवाना क्या है'
पे जब पहुँचता हूँ, देखता क्या हूँ
मैं उसी दायरे के ऊपर खड़ा हुआ हूँ।
जहाँ मैं कल था
जो फ़र्क़ आया तो सिर्फ़ इतना
तब उस तरफ़ था
अब इस तरफ़ हूँ
अभी मैं ये सोच ही रहा था
'........तो ज़िन्दगी क्या सफ़र है बस इस तरफ़-तरफ़ का'
कि आ गया मोड़
इशारा था मेरे बरतरफ़ का

'शहरयार' की याद में

बेकराँ इतने
कि तुम पर अरसा-ए-बीनाई तंग
और यूँ महसूर
सारी फ़हम-ओ-दानिश, अक़्ल दंग
या तो कोई सिह्र हो तुम
या कोई मश्शाक़ साहिर
या अछूता मोजिज़ा हो

बारहा सोचा है
आख़िर कौन हो और क्या हो तुम

कुछ समझ में ही नहीं आया मेरी
बस ये जाना
तुम मुकम्मल आदमी हो

ऐसा हो कि नामऊद हो

वो ग़नी साअत कि हम
शाकी न हों
था यूँ कहें ख़ाकी न हों
सद हैफ़ अफ़्लाकी न हों

काश! उस ग़नी साअत में
इक कारे-ग़नीमत ऐसा हो
मिट्टी बदन की
रूह की तहज़ीब से हमवार हो
बेदार हो

ये नक़्शे-पाए-रफ़्तगाँ
रौशन मिसाले-कहकशाँ
सब रूह की तहज़ीब से बेदार
मिट्टी की नमू हैं
अक्से-हू हैं

रूह की तहज़ीब
या इक सिलसिला जिसमें अदम को है शबात
(अहले-ज़मीं! इक नारा दीवाने की बात)

और उस अदम से ताशबात इक बार
ऐसा हो कि नामऊद हो
यानी ख़ुदा मौजूद हो
ख़ाकी फ़क़त ख़ाकी हो अफ़्लाकी न हो
और कोई भी शाकी न हो।

कहे कबीरा

कबीरा रे!
ख़ुदा बहरा नहीं
फिर भी वो सादा लौह
लिखे को अगर पढ़ता है, पढ़ने दे
बाँग देने दे

तेरा शिकवा बजा है
मिस्ल यक आहू उसे
सब घास में ढूँढ़ा किये
खोया किये
पल भर को अपना आप खो जाना

सहर दम धुन्ध में लिपटे
गली कूचों से अपना सर झुकाये
इक ज़माने से किधर वो जा रहा है
ख़ुद नहीं समझा जिसे समझा रहा था

उसको क्या मालूम
जिसको कंकरों और पत्थरों पर
चढ़के रोज़ाना वो अब तक बाँग देता है
वो गंगा-घाट पर आये
तो उसको मुन्तज़िर पाये

साजिद हमीद

ईमेल - sjdhameed@gmail.com
मोबाइल - 09449555923
पता - एस. एम. मंज़िल, 18 वाँ क्रॉस, आर. एम.
एल. नगर, शिमोगा- 577202 (कर्नाटक)

कौन कहता है

कौन कहता है?
बहुत दुश्वार है बादल को छूना
तितलियों के रंग लम्हों में पिरोना
जुगनुओं की टिमटिमाती रौशनी को
कुंजे-दिल में क़ैद करना

कौन कहता है?
कोई आसाँ नहीं जलते लबों को राम करना
ख़ुश्बुओं को बाँधकर साँसों में जीना
पानियों को साहिलों से दूर रखना
वक़्त के तेवर बदलना
दश्त को गुलज़ार करना
ख़्वाब का घूँघट उठाना
शोलाहा-ए-जाँ को शबनम में भिगोकर
ख़ुशनुमा सच्चाइयों
हुस्न की परछाइयों
रूह की गहराइयों को सींचना

कौन कहता है?
हमें रातों को दिन करना
नज़र तन्वीर करना
नाशुनीदा और नादीदा क़ुव्वतों को ज़ेर करना
मावराए-हुस्न को महसूर करना

रेत को ज़ंजीर करना
इश्क़ की तफ़्सीर करना
ज़ेह्न की ताबीर करना
जज़्बों की तत्हीर करना
बह्र की तरह में उतरकर मोतियाँ चुनना
हमें आता नहीं

कौन कहता है?

मलगजी शाम के समन्दर में

सोच रहा था
सीने में क्यूँ दिल होता है
दिल में क्यूँ हलचल होती है
जज़्बों का महासिल क्या है
सोच रहा था
आँखों में नींदें क्यूँ होती हैं
नींदें क्यूँ सपने बोती हैं
सपने क्यूँ क़ातिल होते हैं

सोच रहा था
ज़ेह्न में सोचें क्यूँ होती हैं
सोचों में क्या दिल होता है
क्या जज़्बा शामिल होता है

सोच रहा हूँ
मैं क्यूँ ऐसा सोच रहा था।

नातराशीदा मंज़र

गर्म लहू की साबिर चीख़ें
झाँक रही हैं आँखों से
मैली-कुचैली साँसों से

सीमाओं और रेखाओं में क़ैद ज़माना
यख़बस्ता आशाओं के नेज़ों से छलनी-छलनी है

ज़ख़्मी अनामिल, घायल लम्स
मस्ख़शुदा सोचों की रगों में
क़तरा-क़तरा टपक रहा है
दक़ज़र्दा सूरज
तुड़ी-मुड़ी नाशाइस्ता किरनें पटख़ रहा है
यरक़ानी अश्जार शबो-रोज़
बेमौसम लम्हों के लहू से
ख़ुश्क सदाएँ सींच रहे हैं
नीमतराशीदा अस्नाफ़
साकितो-जामिद
नग़मा बदअमाँ सज्दों की रह देख रहे हैं
उनके तक़द्दुस की क़समें खानेवाले
अपने तहफ़्फ़ुज़ की ख़ातिर
नगरी-नगरी घूम रहे हैं
अपनी जबीनें ढूँढ़ रहे हैं

ज़ायक़ा पहली किरन का

सुब्हे-सादिक़ है दश्त में ताइर
ख़ालिक़े-कुल की कर रहे हैं सना
छूके हर शाख़े-गुल सलीक़े से
जब गुज़रने लगी है बादे-सबा
मुस्कराने लगे हैं बूढ़े शजर
ख़ुश्बुएँ मह्वे-रक़्स हैं हर सू

एक हिरनी क़ुलाँचे भरती हुई
हाँफती-काँपती, सरासीमा........
जंगली कुत्तों से बच निकलने की
अपनी-सी कोशिशों में है मस्रूफ़

इक शिकस्तख़ुर्दा शेर, आँखों में

फिर नयी सल्तनत का ख़्वाब लिए
जायज़ा ले रहा है सरहद का
सुब्ह चलने लगी है घुटनों पर
राजहंस बनके सूरजी किरनें
नर्म फूलों की पत्तियों पे सजी
मोतियाँ चुग रही हैं
.... देखो तो
ज़िन्दगी कितनी रंग-बिरंगी है।

तवारत

मेरे पुरखों ने कहा था
तितलियों और जुगनुओं के
आगे-पीछे
दौड़ना अच्छा नहीं
ज़िन्दगानी रायगाँ हो जायेगी
मैंने सुनकर
अनसुनी कर दी थी बात
जगमगाती तितलियों के
टिमटिमाते जुगनुओं के
आगे-पीछे दौड़ता-फिरता रहा
फिर भी कुछ आया न हाथ
मा सिवा...... अफ़्सुर्दगी
शर्मिन्दगी
आज बच्चों को मेरे जब देखता हूँ
तितलियों और जुगनुओं के
आगे-पीछे
बेमहाबा दौड़ते
बैठ-सा जाता है दिल
कोशिशें करता हूँ उनको रोकने की
पर सफल होता नहीं
अपने पुरखों की तरह
मैं भी बहुत मज्बूर हूँ
माज़ूर हूँ।

सिद्रा अफ़ज़ल

पता - 339, अब्बास ब्लॉक, मुस्तफ़ा टाउन
लाहौर, पंजाब, पाकिस्तान
ई-मेल : sidra.afzal14@gmail.com

अनामिका- 1

अनामिका!
तुम्हारे बाद शायर मर चुका है
ज़िन्दगी की करवटें
उस पर असर कैसे करें
वो बेहिसो-हरकत पड़ा है
उसे मैकेनिकी जीवन बिताने का
अगर कुछ हौसला भी है
तो उसमें उन हसीं यादों का हिस्सा है
जो तुमने दीं
तुम्हारे नाम का वो एक आँसू
जो अभी शायर की आँखों में अमानत है
उसे कैसे छलकने दे
कि वो इक आस है
साँसों की चलती रेलगाड़ी
जब कभी आज़ाए-हिम्मत सब-के-सब
पामाल करती है
तो वो उनके सहारे ख़ुद को फिर से जोड़ता है
कि उसको इस सदी में भी तुम्हारी मौत पर मातम मनाना है
अनामिका!

तुम्हारे बाद ख़ालिक़े-जहाँ ने फिर उम्मीदों को नहीं ख़ल्क़ा
किसी हातिफ़ ने, हादी ने नसीहत को नहीं जन्मा
कोई लारेब अब दावा नहीं करता

कि फ़ितरत सो चुकी है
मुहब्बत का कोई बोसा इनायत हो तो शहज़ादी उठे
ताबीर की दहलीज़ पर पलकें झुकाकर झाड़ दे काजल

अनामिका!
समाअत शोर से थककर
हसीं ख़ामोशियों का जब कभी भी जाल बुनती है
तो मेरे हस्त की हमज़ाद तेरी बात सुनती है
कि तू किनका तराना है
फ़साना है 'सरोदे-रफ़्त बाज़ आयद ब आयद का'
तुझे रौशन दिनों ने सीपियों से ढूँढ़कर ताक़ों में
रखा था इरादों के
मगर में 'आग का दरिया'
अनामिका!
इरादे टूटते हैं
मुख़म्सों की बारिशें
खुलकर बरसती हैं
तलीमाख़ुस तन्हा लड़ नहीं सकता
यदि बेज़ा असा से कोई अज़दर गढ़नहीं सकता
नीलम्बर फिर ख़ला में है
हमेशा की तरह तन्हा

अनामिका! ये सब नस्लें
उदासी के भँवर में डूब जायेंगी
कि इनके हाथ से शाख़े-जरीं की राख चिमटी है
लहू तब्त का मुँह से और दामन से लिपटा है
अबाबीलों का लश्कर आँख की सरहद पे बैठा है
अनामिका!
कि नफ़से-मुतमैयना ने
तुम्हारे बाद कोई हद नहीं पाया
ज़ुलैख़ा सर-ब-ज़ानू है कि यूसुफ़
........मौत के कुँए से बाहर ही नहीं आया।

अनामिका- 2

अनामिका!
सितारे गर्दिशों से टूटते हैं
और बिखरते हैं
तुम्हारे बाद
उनकी ख़्वाहिशों में भी तग़य्युर है
उरूसे-जा समन को
क़ैद से अपनी मुहब्बत हो गयी है
और उसका दिल
उसी नादिर की ख़ातिर
मन्दिरों की घण्टियों जैसे धड़कता है
कि जिसने माबूदों पे आग बरसायी
घसीटा बिस्तरों में रेख़्ता-साज़ों की हिम्मत को
सलीबी जंग बरपा की, अनाओं की

अनामिका!
तुम्हारे बाद
मन में डूबकर पा जा सुराग़े-ज़िन्दगी का गीत
ज़ाइल हो चुका
ये शर्त लाहासिल
निभाने याद आने का क़ज़ा अब अदा करके
सख़ावत झाड़कर दामन
क़ुरआनी वाक़िआ बनकर
किताबों में पड़ी गल-सड़ रही है
और हातिम को फ़क़त अपनी पड़ी है
अनामिका!

ये मौजूदा ज़माने की कहानी है
किस क़दर उलझी हुई है
यहाँ पर क़िस्मतों की बन्द मुट्ठी में
मकौड़े क़ैद रहते हैं
अटेस्टेड डॉक्यूमेण्ट की कापियाँ लेकर
ज़फ़र रंगून जाता है जहाँ

पेशी की तारीख़ों ने
तारीख़ें रक़म की हैं
जिहाद अस्करी जारी है
शरयानों के पर्दों में
नज़र के सी.सी.टी.वी. कैमरों की हार्ड-डिस्कें बिखरी हैं
अनामिका!
जिन्हें लैला-ओ-मजनूँ अब निभाते हैं
वो रिश्ते पोर्नोग्राफी की रेटिंग हैं
लबे-शीरीं रुख़े-फ़रहाद बस मिस्रों की जेब़ाइश
असूल क़ौसो-पैमाइश
अनामिका!
पहाड़ों में, सितारों में
मचलती आबशारों में
सफ़र के इस्तिआरों में
जमीं-ओ-आस्माँ के तीस पारों
सहारों में
बहुत गूगल किया मैंने
मुहब्बत नाम के वो सारे आइडी फेक निकले हैं
जिन्हें 'यौमे-अलस्त बिरिब्बिकुम' में हमने पूजा था।

ख़ुदावन्दा

रहूँ क्यूँकर भला मैं गर्दिशे-अफ़्लाक की हद में
भँवरआमेज़ गिरदाबों
सराबों के ज़बर जद में
मुझे रौशन दिनों के लफ़्ज़ पढ़ने दे
मुझे तानीसियत के बाब में कुहनामशक़्क़त के
नये उन्वान गढ़ने दे
ज़मीनो-आस्माँ के सब क़लाबे नज़्म करने दे
फ़क़त इक जस्त भरने और उसमें आगही के आस्मानों को
निगलने दे
मेरे बैयत शरफ़ का एक आँसू मेरी पेशानी से ढलने दे
ख़ुदावन्दा! मुझे उसमें ख़याली के ख़यालों से निकलने दे
कि मैं शाहे-उमम की माननेवाली

मेरा क्या वास्ता उन लग़्व बातों से

ख़ुदावन्दा!
मेरी बीनाई पलटा दे
मेरी कुहना तबीअत पर जो चादर बदहवासी की
हवासी ने बुनी है,
मुख़्तसर कर दे।
मेरे अफ़्कार के सैले-रवाँ को
मोतबर कर दे।
कि अपनी अस्ल को चीज़ें हमेशा लौट जाती हैं
इबारत दे मेरी गर्दिश-ख़याली को
अता कर ग़ैब से मज़्मून
इस बेकल सवाली को
कि मैं महजूर
तेरा क़ादिर मुतल्लिक़ भी होना जानती हूँ

नामालूम का ज़रर

मैं नही जानती
कि मुझे क्या हुआ है
मुझे ऐसा कुछ भी
मेरे बारे में बताने से मना किया गया है।
शायद ....
मगर मैं तकल्लुफ़ में हूँ ....
एक अंजानी तकल्लुफ़ ....
ना चाहे-जाने की तकल्लुफ़ ......
मैं किसी की ज़िन्दगी का महवर-ओ-मरकज़ नही क्यूँ?
शायद ये क्यूँ और इससे पहले का जुमला फ़क़त मेरा वहम हो......
यही सोचकर ख़ुद को तसल्ली देना भी
किस क़दर अच्छा लगता है ......
मेरे बाद कितने लोग
मेरी मौत का यक़ीन न कर पायेंगे?
मेरे होते हुए कितनों को मेरे ज़िन्दा होने का यक़ीन है

क्या ये यक़ीन झूठा नहीं ....
नहीं ...... सब सच है ....
कबूतर की तरह आँखें मूँद लेने से क्या होगा
उदासी और उसका कर्ब जानलेवा है
ज़िन्दगी हर रोज़ मुझे ज़लील करने पर तुली है
सिसकना-बिलखना और क़हक़हे लगाना मेरा वतीरा बन गया है
....
कोई है ऽऽऽ ......जो मुझे ख़्वाबों से बेदार न करे ऽऽ .... ?
कोई है ऽऽऽ .... ?
कोई नहीं ......
मैं ख़ुद भी नहीं
तुम्हें पता है तुम्हारी आँखें
मेरे चेहरे पर बुरी लगती हैं
पर मैं इन्हें लगाये घूमती हूँ
भद्दी लगने के बावजूद
सिर्फ़ इसलिए कि
तुम्हें मुझसे शिकायत न हो
ये कैसा ज़िन्दान है जहाँ आज़ादी-ही-आज़ादी है
और कोई रोक-टोक नहीं
सिवाय सोचने के
किसी शय पर पाबन्दी नहीं ....

ख़ुदा ज़मीन पर कब आयेगा?

कायनात जिसकी बागीं
किसी हादसे के हाथ में देकर
ख़ुदावन्द करीम इबादतें बटोर रहा है
क्या उसे सिर्फ़ यही ग़रज़ है
कि वो पहचाना जाये या
उसके होने की
कुछ और भी हक़ीक़त है........
इस मुल्क में जहाँ बज़ाहिर आज़ादी है,
ग़ुलामी के तौक़ पहने हुए एड़ियाँ रगड़ती
दिल मसोसती जान-ब-लब ज़िन्दगी

उम्र का तवील सफ़र तय करने कहाँ जायेगी?
क्या कोई और ज़िन्दगी-बख़्श सैयारा दर्याफ़्त हो चुका है?
क्या कोई और ज़मीन ढूँढ़ ली गयी है?
इतनी बड़ी दुनिया में क्या छोटेपन को
दफ़्न करने की कोई जगह बाक़ी नहीं?
क्या समन्दरों ने इक़रार कर लिया है कि वो मुर्दार निगलेंगे
और कश्तियों को बन्दरगाहों के किनारों पर पहुँचाकर
क़ज़्ज़ाक़ों के हवाले कर देंगे?
आँख जब पत्थर बरसाने लगेगी तो आँसू बहुत ख़जलत
माथे से नमूदार होकर अपने होने का एहसास दिलायेंगे ....
इस आज़ाद मुल्क में जहाँ ग़ुलामी के तौक़ पहने,
एड़ियाँ रगड़ती, दिल मसोसती जान-ब-लब ज़िन्दगी इन्तजार में है
कि इबादतें बटोरता ख़ुदा कायनात की सीढ़ियों तक तो आये ....

सुहैल अख़्तर

ईमेल - sohailakhtar202@gmail.com
मोबाइल - 09437044651
पता - डी. जी. एम. (सी), आई. डी. सी. ओ. टॉवर
जनपथ, भुवनेश्वर- 751022 (उड़ीसा)

घोड़े क्यूँ उदास हैं

ट्रैफिक में मस्रूफ़ शाहराह के किनारे
मैंने अक्सर उसे देखा है
अपने सियाह घोड़े की बागें थामे
सर झुकाये आहिस्ता-आहिस्ता चलते हुए
गोया शहर की तेज़ रफ़्तारी
उसके और उसके घोड़े के लिए
बिल्कुल बेमानी हो

पचीस साल का
मुरझाये चेहरे और दरमियाने क़द का ये लड़का
सलीम है
जो मामूली उज्रत पर
लोगों को घुड़सवारी की तफ़रीह कराता है
या तो हमपरस्तों को
घोड़े की नालें बेचकर अपना पेट पालता है

घोड़े अब कहीं नज़र ही नहीं आते
बज़र आते हैं तो सिनेमा के पर्दे पर
या सरकस में करतब दिखाते
या मक़्बूल फ़िदा हुसैन के कैनवस पर

उकता देनेवाली यकसानियत से भरी
इस मस्नूई दुनिया के मशीनी अहद

अब घोड़ों का वजूद इज़ाफ़ी है
इनकी ख़िद्‌मात
तरक़ियात के कमज़ोर हाफ़िज़े से
मह्‌व हो चुकी है
जैसे अज़कारे-रफ़्ता चीज़ों की
तारीख़ भी ख़त्म हो जाया करती है

घोड़े मुझे हर जगह
अपने वजूद की बक़ा के लिए जद्दोजहद करते
बेहद उदास नज़र आये
हुसैन जैसे चाहनेवाले के लिए
क्यूँ ये ज़मीं तंग कर दी जाती है
कि उसे अपने घोड़ों को छोड़कर
बैरूने-मुल्क पनाह लेनी पड़ती हैं?

घोड़े क्यूँ उदास है?
क्या हुसैन की जिलावतनी में मौत पर?
ख़ुद पर हो रहे ज़ुल्म-ओ-ज़ियादती पर?
या अपनी नस्ल के ख़त्म होने के ख़ौफ़?

सियाह देवता का शाप

क़बीले में आम
गिरोहबन्दी और अक़रबापरवरी के ख़िलाफ़
आवाज़ उठाने के जुर्म में
पहले मेरे इज़्हार पर पाबन्दी लगायी गयी
फिर आख़िरकार
बुज़ुर्गों के फ़ैसलों के मुताबिक़
मुझे क़बीले से निकाल दिया गया

मेरे रुख़्सत के दिन
सरदार की बदसूरत बेटी
मुझ पर हँस रही थी,
जंगल की सरहद पर

खेतों में काम करनेवाली
एक देहाती लड़की
न जाने क्यूँ रो रही थी

सियाह देवता के शाप के बाद
मेरी शबाहत के किनारे
धुँधला चुके हैं,
अब मैं उस वक़्त तक नज़र नहीं आता
जब तक कोई
मुतवज्जे होकर
मेरी तरफ़ बग़ौर न देखे।

मैं इस बात से बेख़बर था
कि अब मेरे हमराह
दोपहरों की ज़र्दी
और रातों की नमी रहती है।
परिन्दे मेरी दिलजोई करते हैं
बादल मेरे लिए पानी भर लाते हैं
और कुछ पेड़
मुस्तैदी से
मेरे खाने का इन्तिज़ाम करते हैं।

मुद्दत हुई
मैंने एक बरगद के नीचे
समाधि ले ली है
मैं अपने ध्यान में ग़र्क़ हूँ,
और दीमक अपने काम में मश्ग़ूल,
उन्होंने मुझे
अन्दर तक चाट लिया है
देखें
कब मेरा आसा
मेरे ग़ैर मुतहर्रिक हाथ से
छूटकर गिरता है

लाचारी

मुहब्बत की वादी से
फूलों की कोई कमी नहीं थी
फिर मौसमे-बहार में
फूलों के अलावा
एक बर्गे-ख़ुश्क की तरफ़
कौन नज़र करता है,
जबकि मेरी बहारों का भी
आज तक नोटिस नहीं लिया गया।
मुझसे कहा गया था
कि मैं अपने बहकते क़दमों का
ख़याल रखूँ
लेकिन जो शख़्स नींद में चल रहा हो
उसके पैरों तले
कोई-न-कोई शय आकर
कुचल ही जाती है।

जब मैं चलने के क़ाबिल हुआ
तो मुझे बेड़ियाँ पहनायी गयीं,
जब मुझमें
परवाज़ की ख़्वाहिश बेदार हुई
तो मेरे परों को कतर डाला गया
ज़मानो-मकान के दूसरे सिरे पर
तुम्हारी दुनिया में
कुछ भी इतना ग़ैरमुम्किन नहीं होगा,
तुम्हारी हैरतअंगेज़ उम्मीदों,
बेपनाह ख़ुलूस-ओ-अपनाइयत,
ग़ैर मुतज़ल्ज़ल यक़ीन
और सोज़ो-गुदाज़ मेरी फ़हम से बईद हैं,
कि मेरी दुनिया में ये अशिया
नहीं पायी जातीं

दिल की धड़कनें तेज़ हो रही हैं,

ख़ून का दबाव भी,
मेरा ज़ियाबेतिस कण्ट्रोल में नहीं है,
जो मुझे अन्दर-ही-अन्दर
दीमक की तरह चाट रहा है।

तुमसे नूरी साल की दूरी पर मैं
अपने तारीक अहद में क़ैद हूँ,
मेरे वजूद की शर्मिन्दगी
तुम्हारे यक़ीन से ख़ायफ़ है,
मैं रौशनी का आदी नहीं,
रौशनी में आते ही
तवक़्क़ोआत की भूखी आदमख़ोर नज़रें
मेरे जिस्म से अपना हिस्सा तलब करती हैं।

तुम बस यूँ ही
मेरे अन्दर ख़्वाब देखती रहो,
मेरे अन्दर
अपने ख़्वाबों की मादूम दुनिया
की तलाश जारी रखो,
मेरा वादा है
कभी तुम्हें नींद से
जगाने की कोशिश नहीं करूँगा।

ग़ुब्बारे, तितलियाँ और ट्रैफ़िक जाम

पसीने में शराबोर
ट्रैफ़िक जाम में फँसा मैं
अपने चारों तरफ़ मुंजमिद
कारों, बसों, मोटर-साइकिल
और स्कूटरों के जिम्मे-ग़फ़ीर को
लाचारी से देखता हूँ,
जिनके नरग़े में हूँ महसूर,
ज़रूरियात से मज्बूर

अपनी मोटर-बाइक पर बैठा-बैठा
जब उकता जाता हूँ
हेलमेट निकालकर पसीना पोंछता हूँ,
निगाह अचानक
आस्मान की जानिब उठ जाती है,
शहर की
ज़रूरत से ज़ियादा चमकीली रौशनियों से
धुँधलाये आकाश में
एक आध सितारे ही
मुश्किल से टिमटिमाते नज़र आते हैं,
मैंने उसी आसमान को
गाँव की खुली फ़ज़ा में
ट्रैफ़िक की भीड़ की तरह
बेशुमार तारों से खचाखच भरा पाया था,
अचानक वो खनकती हँसी
कानों में रस घोल जाती है
'मुझे ग़ुब्बारे बहुत पसन्द हैं।'

ट्रैफ़िक चलना शुरू होता है
तो मैं भी आगे बढ़ता हूँ
तभी एक नयी बाइक पर सवार
एक नौजवान
हार्न बताता तेज़ रफ़्तार से
मेरी बायीं जानिब से
मुझे ओवरटेक करता गुज़र जाता है,
मैं अपना तवाज़ुन खोते-खोते बचता हूँ,
फिर वही कानों में रस घोलती नक़राई आवाज़,
'मुझे तितलियाँ भी बेहद पसन्द हैं।'
अचानक याद आता है
कि तितलियों, गिलहरियों और गौरइयों को देखे
कितना ज़माना हो गया।

बेमानी मस्रूफ़ियात से भागता
शह्र की आलूदगी से लड़ता

ज़रूरियात तले घिसटता
पहुँचता हूँ घर
यानी अपने 'वन बी. एच. के.' क़ैदख़ाने में,
जो देव हैकल फ़लकबोस इमारतों
से घिरा हुआ है।

मेरी चार साला बच्ची दौड़ती हुई आती है
और मुझसे लिपट जाती है
"पापा! पापा!
देखो मैंने तितली की तस्वीर बनायी है,
अच्छी है ना?"
मैं उसके हाथ से लेकर
उस रंग-बिरंगी तितली की
मासूम बेढंगी तस्वीर
देखता रह जाता हूँ,
धीरे से ख़ुदकलामी के अंदाज़ में कहता हूँ,
'बहुत अच्छी है।'

कारआमद

जब लिखना
ख़िलाफ़े-क़ानून क़रार दिया गया
तो मैंने लिखना छोड़ दिया
और साथ ही किताबों का मुताला भी तर्क कर दिया

जब बोलने के ख़िलाफ़ क़ानून बना
मैंने बोलना बन्द कर दिया
और साथ ही एहतेजाज करनेवालों से भी
अपना राब्ता मुन्क़त्अ कर लिया

फिर जब सोचने पर भी पाबन्दी लगायी गयी
मैंने सोचना भी छोड़ दिया
और टी.वी. देखकर अपना वक़्त गुज़ारने लगा

अब मैं बाज़ार के लिए
पूरी तरह कारआमद था
बाज़ार ने
अपने दोनों बाज़ू फैलाकर
बड़ी गर्मजोशी से मेरा ख़ैरमक़्दम किया।

मेरा इन्तिज़ार करना

अधूरी मुहब्बत
शिकस्ता ख़्वाबों
और नामुकम्मल ख़्वाहिशों की
चिताओं में जलना है मुझे।
मेरे राख होने से क़ब्ल
बाँट देना मेरी चिंगारियाँ जुगनुओं में,
और बचाये रखना मेरी आग
अपने दिल में।

हवाओं के हवाले करना
और कहना
'ये उसकी राख है
जिसकी परवाज़ की कोई ख़्वाहिश
कभी पूरी न हुई',
हवाएँ ले जायेंगी मुझे
दूर ...... बहुत दूर
लेकिन मेरे लिए रंजीदा न होना
बस....... मेरा इन्तिज़ार करना।।

स्वप्निल तिवारी

ईमेल - swapnilwrites@gmail.com
मोबाइल - 09967666910
पता - 302, ए- विंग, स्वर्ण बिल्डिंग,
यूनीक गार्डेन, नियर सेवन इलेवन स्कूल,
मीरा रोड, थाणे, महाराष्ट्र पिन- 401107

1

तमाशबीनों में मैं खड़ा हूँ
मदारी साँप और नेवले को लड़ा रहा है
सभी की साँसें थमी हुई हैं
सभी ये भूले हुए हैं इक खेल है फ़क़त ये
अगर कभी साँप हमलावर हो रहा है तो फिर
बचा के ख़ुद को वो नेवला कर रहा है कोशिश
के साँप के फन को अपने मुँह में जकड़ सके
हज़ारों सालों से साँप से हम डरे हुए लोग दिल में अपने
दुआगो हैं नेवले के हक़ में..
मगर मदारी को फिक्र है के अगर कोई एक मर गया तो
वो खेल कैसे दिखाएगा कल?
अगरचे वो साँप के सभी दाँत ज़हरवाले हटा चुका है
वो नेवले के तमाम नाखून काटकर
तमाम दाँतों को घिसके उसके
उसे निहत्था भी कर चुका है...

2

इक शाम उठाकर साहिल से
तुमने बाँधी है ज़ुल्फ़ों में
इक रिबन बनाकर लहरों से,
अब सुब्ह जो खोली हैं ज़ुल्फ़ें
इक झरना-सा बह निकला है,

इक लहर उजाले की जानाँ
कल-कल करती हुई बहती है
ये भीगे बाल सुखाओ ना,
इक बादल की टॉवेल लाकर
अब इनको ज़रा-सा झटको भी
अब शामो-सहर के कुछ छींटे
चेह्‌रे पे मेरे तुम बरसाओ

3

दरवाज़े की ओट में
सारा घर है मेरा
दीवारें हैं, आँगन है, हर कमरा है..
बन्दर है दरवाज़ा तो
दीवारें, आँगन, कमरे
सब मिलकर साजिश करते हैं..
घर ही में के एक सुतूँ से
'ज़ोर लगाकर हैया' करके
दरवाज़े को गेट मानकर
दुश्मन के तगड़े क़िले को
तोड़ के बाहर आने की बातें करते हैं..
पर जब ख़ुद ही खुला रहे दरवाज़ा तो फिर
दरवाज़े की ओट में छिपकर
अपनी ख़ाली आँखों से वो
बाहर तकते रहते हैं...

4

रोना आये
तो जी भरकर रो लेना तुम
आँखों में
काग़ज़ होते हैं
जिनपे ख़्वाब लिखे होते हैं

अश्कों को गर रोकोगे तुम बहने से
वो आँखों में भर जायेंगे
धीरे-धीरे
वो सब काग़ज़
जिन पर ख़्वाब लिखे होते हैं
गल जायेंगे
रोना आये
तो जी भरकर रो लेना तुम...!

5

कुछ शोख़ इशारों से
दरिया के किनारों से
चंदा से सितारों से
कोई नज़्म नहीं बनती
कुछ शोख़ इशारे, तुम
दरिया के किनारे तुम
ये चाँद-सितारे तुम
लो नज़्म हुई जानाँ

6

दीवारों से टेक लगाकर
कुछ लम्हा आराम करो तो,
दीवारों का रंग उतरकर कपड़ों पर
आ लगता है।
तेरी रूह पे इक दिन जानाँ
मेरा रोग़न लगा मिलेगा
कब से तूभी दिल पर मेरे
टेक लगाकर बैठी है।

7

सपाट चेहरों, उदास लोगों
से शह्र अपना बना हुआ है
यहाँ मैं बरसों से हूं मगर ख़ुद को
अजनबी की तरह अकेला ही पा रहा हूँ
यहाँ तो रस्ते तलक बचा के निगाह मुझसे निकल रहे हैं
कि जैसे मुझसे हुए मुख़ातिब तो खाइयों,
ख़न्दक़ों में इकदम फिसल पड़ेंगे,
इमारतें देखती हैं मुझको
कि जैसे मैं इश्तिहार हूँ एक फूहड़, अनचाहा और सस्ता
कहीं नहीं हूँ नज़र में लोगों की आज भी मैं
बस इक ख़ला हूँ मैं उनकी ख़ातिर उग आये हैं हाथ-पाँव जिसके
ख़लाओं को कोई नाम क्या दे?
सपाट चेह्रों उदास लोगों
से शह्र अपना बना हुआ है
कभी भी हँसता न बोलता है
पड़ाही रहता है एक अजगर की तरह जिसने
निगल ली हो भीड़ इक किसी दिन।

8

ये रस्ता
जो सीधा नज़र आ रहा है
जिसे नाम देते हैं हम ज़िन्दगी का
इसी रास्ते में छुपे हैं कई मोड़
जैसे किनारे लगी झाड़ियों में छिपा साँप कोई
यहीं मोड़ अचानक कहीं से निकलकर
फुँफकारते हैं
अगर बच गये हम, तो उनकी इनायत
वगरना फिर आगे कोई 'कट' नहीं है
जहाँ हाथ देकर यू-टर्न ले लें...

9

घुटन-ही-घुटन है
फ़ज़ा जैसे इक बोझ उठाये हुए है
ये आधा उजाला तो बेहोश-सा है
अधूरा अँधेरा भी बेहिस पड़ा है
यहाँ के सवेरों में शामें मिली हैं
तो रातों में किरनों की किरचें मिलेंगी
घुटन-ही-घुटन है
ये तस्वीर तेरी जो दीवार पर है
इसे क्या हटा दूँ?
कि मुम्किन है पीछे दरीचा छुपा हो......

10

आकर बैठो पास मेरे बस
उसके बाद ये सारी दुनिया
इक ग़ायब दरिया का साहिल हो जायेगी
और जहाँ बैठे हम दोनों
उस दरिया के दूसरी जानिब
डूबते सूरज को देखेंगे.....

हम्माद नियाज़ी

ईमेल - hammadniazi@live.com
मोबाइल - +923214036980
पता - 71- डी, रिज़वान ब्लॉक, अवन टाउन,
मुल्तान रोड, लाहौर, पाकिस्तान

दिल ढूँढ़ता है

एक मंज़र जो किसी भी आँख ने देखा न हो
एक दरिया जिसके अन्दर कोई भी डूबा न हो
एक लम्हा जो रवाँ हो और कभी गुज़रा न हो
एक दिन जिस दिन से पहले रात का साया न हो
एक चेह्रा जिसके ऊपर दूसरा चेह्रा न हो
एक रिश्ता जो किसी भी सिम्त को जाता न हो
एक नशा जो चढ़ा हो और कभी उतरा न हो
एक इंसाँ जो अकेला हो मगर तन्हा न हो
एक दुनिया जिसमें कोई भी कहीं रहता न हो

रायगानी का गीत

फ़सुर्दा आँखों में आँसुओं का निगारख़ाना
नयी शबीहों से भरता जाता है और
कहानी उदास सफ़हों में
अपने लाशों को भर रही है
अज़ाने-मग़रिब का वक़्त है और बदन के आलूदा साहिलों से
हवस का पानी उतर चुका है
गुदाज़ पोरों भरे परिन्दे बदन के जंगल में
आख़िरी गीत गा चुके हैं
वो लफ़्ज़ जिनसे लहू की सत्रों में रू-ए-मानी
दिखायी देता था मर रहे हैं

चराग़ बोसा की गर्म नरमीदा रौशनी जो
बहकती साँसों की लौ बढ़ाती थी
आख़िरी साँस भर रही है
मगर मेरे रायगाँ दिनों की अज़ीज़ ख़ुश्बू
ख़यालो-ख़्वाबे-शबे-गुज़िश्ता के ज़र्द बाग़ों
के ख़ारो-ख़स में बदल रहा हूँ
मैं चल रहा हूँ
मैं अपने बोझल शिकस्ता क़दमों से शाहराहों
की ख़ाक उड़ाता, लहू जलाता, तुझे बुलाता रवाँ-दवाँ दूँ
मगर कहाँ हूँ!

राज-रोग

उदासी और वहशत का मेरा इज़्हार ये तेरे
ज़मिस्तानी लबो-लहजे से बाहर है
सो थोड़े हौसले से इस बरसते मीना में
दिल का कायनाती अव्वलीं सुर
मुझे महसूस कर
आवाज़ की तस्वीर खींच और दिल पर अपने हाथ रखकर
मेरे बुझते शब की तद्फ़ीन में अपना भी हिस्सा डाल
मुझे पहचानती हो? बिल्कुल नहीं पहचानती हो

मैं जिसे इस वक़्त तेरी नज़्म होने की तमन्ना है
.....जिसे तेरे लबे-लालीं के थर-थर काँपते मिस्रों
में थोड़ी ज़िन्दगी दरकार है
बेकार है, छोड़ो, मेरा होना-न-होना, ख़्वाब होना
याद होना, जिस्म होना
सब किसी बेकार लम्हे का नतीजा है
सो अपने वक़्त की तस्वीर में ये रायगानी
जो दिखायी दे रही है
उस पर अपना आख़िरी मंज़र बनाओ
मुझे नुक़्ता बनाकर फिर मिटाओ, भूल जाओ
मैं 'राशिद' की तरह कूज़ागरी का फ़न नहीं पहचानता
'मजीद अमज़द' के लफ़्ज़ों और कुँए में झाँकने की धुन

अभी उतनी तवाना भी नहीं है
और 'मीराजी' तो वैसे भी मुझे नाराज़ लगते हैं
जनाबे-'फ़ैज़' से मैं फ़ैज़ लेने की तमन्ना भी नहीं रखता
'मुनीर' अपने क़बीले का है, लेकिन
हम तो क़बीले से निकाले जा चुके हैं
..... सो मैं जो हूँ नहीं हूँ और हूँ भी तो मैं तुम जैसा नहीं हूँ
थकन सीने की सिल में आ बसी है
रगों में दौड़ती वहशत मेरी दुनिया ग़ुबार-आलूद करके हँस रही है
तेरी दुनिया किसी नादीदा सैयारे की दुनिया है
मैं पियादा इक ज़मींज़ादा तेरी यादों के नूरी साल तय करके भी
तुझ तक किस तरह पहुँचूँ......
कि तू आवाज़ की रफ़्तार से भी तेज़ मुझसे दूरियों के मरहले
तय कर रही है
मेरे हमराह कोई 'ज्यूस' है और ना कोई 'क्यूपिड',
'अपोलो' का अलूही हाथ मुझ पर साया करता है
सो ऐसा है कि माबूदे-तयक़्क़ुन की मुक़द्दस बारगह से
ख़्वाबे-देरीना की मैयत को रवाना करके मैं अब बस
वजूदी जिस्म थामे रेत होता जा रहा हूँ
.... और अभी कुछ देर में ये लफ़्ज़
....ये मे ऽऽ .... रे .... रे रे .... ल... फ़ .... ज़

इक कुहरा है

इक ख़स्ता बोसीदा कुहरा
जिसकी दीवारों पर चस्पाँ
टूटे ख़्वाबों की तस्वीरें
तन्हाई को सींच रही हैं
ख़ाक से लिथड़े फ़र्श पे लेटी
सदियों के इब्हाम की चादर
घूर रही है
कोने में एहसास के टूटे-फूटे बरतन
गुज़रे वक़्त की राख समेटे चुप बैठे हैं
अल्मारी में यादों की दो-चार किताबें पड़ी हुई हैं
जिनको हिज्र की काली दीमक रफ़्ता-रफ़्ता चाट रही है

मेज़ पे रक्खी लफ़्ज़ की गठरी
जिसमें बन्द ग़मों के नश्तर
अब तक साँस लिए जाते हैं
बेताबी के जाले बुनती
वक़्त की मकड़ी
दीवारों पर रेंग रही है
अश्कों के दरिया में डूबा साँस का तकिया भीग रहा है
एक ज़ईफ़ दुआ का पंखा
छत पर अब भी झूल रहा है
बचपन के सन्दूक़ में बिखरे ख़्वाब के कपड़े
ताबीरों के लम्स की ख़ातिर
दर्द का गर्दा फाँक रहे हैं
रौशन मुस्तक़्बिल की खिड़की
इक अरसे से बन्द पड़ी है
जबकि दरवाज़े पर लटका
बिन चाबी के
ख़ामोशी का काला ताला
आस लगाये देख रहा है.....!
ख़ुशियों के गुमनाम मुसाफ़िर कब लौटेंगे
...... कब लौटेंगे।

सफ़र

आवाज़ें रात की ख़ामुशी में ओझल होने का
सन्देशा लायी हैं
चाँद के आधे टुकड़े पर कुछ ख़्वाबो की तद्फ़ीन हुई है
घड़े का पानी क़त्रा-क़त्रा डोल रहा है
दीवारों की मिट्टी में बरसों से गूँथी
कुछ पोरों का लम्स अचानक
क़ल्बकदे मे चीख़ पड़ा है
रात के काले होने पर वहशत की रोटी
पकने को तैयार पड़ी है
घड़ी की दीमक साँस का नादीदा दरवाज़ा
चाट रही है

मैं यादों की तख़्ती लेकर
उस पर अपने घोड़े
परियाँ, जुगनू, तितली, गुड़िया, बँटे, मोर के पर
बोसों की टॉफ़ी
और हर्फ़ों का पाक सहीफ़ा
तस्वीरों में ढाल रहा हूँ
कल और आज के सारे रिश्ते चलते-चलते
तन्हाई के चौराहे पर आन खड़ा हूँ
चारों जानिब अश्को की इक बर्फ़ जमी
साँस थमी है
और मेरे हाथों से जैसे
छूट रही हो बूढ़ी उँगली

सूरज निकल रहा है

सहेली! फिर से शफ़क़ का मंज़र बदल रहा है
कपास चुनते हुए कसानों की सुर्ख़ पेशानियों से
बहता हुआ पसीना
ज़मीं के क़ालीन धो रहा है
क़दीम से फिर जदीद होते गली-मुहल्लों में
बूढ़े क़दमों की चाप कानों में गूँजती है
हमारे गाँव की मस्जिदों में ज़ईफ़ सज्दों के नक़्श
फिर से उभर रहे हैं
सुनहरी, हाथों से घी लगी रोटियों की ख़ुश्बू
हवासे-ख़म्सा की ताज़गी के
जमील रिश्तों से आश्नाई करा रही है
गुदाज़ जिस्मों ने झाड़ुओं के अज़ीज़ गुलदस्ते
अपने हाथों में ले लिए हैं
और अपने घर के शफ़ीक़ सेह्नों में
सारी किरनें उड़ेल दी हैं
घड़े में पानी वुज़ू की ख़ातिर उछल रहा है
सहेली! सूरज निकल रहा है।